Cuentos para regalar a personas sensibles

Enrique Mariscal

Cuentos para regalar

a personas sensibles

COLECCIÓN
SERENDIPIDAD

© Enrique Mariscal, 2000
© De esta edición:
Aguilar, Altea, Taurus, Alfaguara, S.A., 2004
Beazley 3860, (1437) Buenos Aires
www.alfaguara.com.ar

- Santillana Ediciones Generales S.L.
  Torrelaguna 60 28043, Madrid, España
- Aguilar, Altea, Taurus, Alfaguara, S.A. de C.V.
  Avda. Universidad 767, Col. del Valle, 03100, México
- Distribuidora y Editora Aguilar, Altea, Taurus, Alfaguara, S.A.
  Calle 80 N° 10-23, Bogotá, Colombia
- Aguilar Chilena de Ediciones Ltda.
  Doctor Aníbal Ariztía 1444, Providencia, Santiago de Chile, Chile
- Ediciones Santillana S.A.
  Constitución 1889. 11800, Montevideo, Uruguay
- Santillana de Ediciones S.A.
  Avenida Arce 2333, Barrio de Salinas, La Paz, Bolivia
- Santillana S.A.
  Avda. Venezuela 276, Asunción, Paraguay
- Santillana S.A.
  Avda. San Felipe 731 - Jesús María, Lima, Perú

ISBN: 950-511-912-7
Hecho el depósito que indica la ley 11.723

Diseño de cubierta: Claudio A. Carrizo
Ilustraciones de cubierta: Marta Nilsson
Diseño de interiores: Mercedes Sacchi

Impreso en la Argentina. *Printed in Argentina*
Primera edición: febrero de 2004

Índice

Prólogo y confesión

Soy un escritor muy afortunado, por múltiples motivos. Agotadas las ocho ediciones anteriores de este libro, Aguilar me ofrece presentar al mundo hispanohablante, con su exitoso sello, esta nueva entrega de mis *Cuentos para regalar a personas sensibles*.

Una red atenta de lectores sigue mis relatos con interés y compromiso, responde a una convocatoria espontánea de imaginación creadora, con simpatía intelectual por tantos mensajes de elevación y fortalecimiento personal, expresados en un original lenguaje autoirónico, coloquial y de asertivo buen humor.

Continúo publicando mis convicciones de vida. Son anhelos de superación y armonía, sueños fuertes iluminados por un profundo sentimiento de unidad de vida y conciencia.

No traiciono a la alegría; dejo fluir las palabras como si ellas fueran hilvanadas por un orquestador experimentado, que disfruta desde lejos al verme sentado a mi mesa de trabajo y de inspiración.

Escribo con el corazón aquello que la alta lógica de la intuición le dicta a mi razón. Mucho público capta gozoso y reflexivo estos mensajes que no acotan la visión del alma trascendida.

A no dudar: soy un cuento muy afortunado, por múltiples motivos.

¿Dónde está Buda?

Buda es un estado de conciencia superior, una conexión espiritual, interna, intransferible, liberadora de todo dolor personal. Para algunos, se trata solamente de un extraordinario personaje histórico, un brahman sabio, inquieto e inspirador de un movimiento social fundado en el conocimiento y la liberación de la rueda sufriente de encarnaciones.

Para otros, Buda es un estado de beatitud, una gracia inconfundible, la más elevada aspiración que puede albergar un creyente buscador. Se trata, entonces, para los más advertidos introspeccionistas de lo sagrado, de un éxtasis, de un desborde de felicidad, de unidad gozosa, de alegría incontenida originada en el conocimiento esencial de nuestra naturaleza divina. Nada tiene que ver el término con una persona física.

ॐ

En cierta oportunidad unos monjes budistas salieron del monasterio dispuestos a visitar a un sabio que, según las tradiciones orales, era descendiente mismo de Siddharta.

Una sola pregunta los mantenía ansiosos y a la vez entusiasmados. No bien los recibió el reconocido maestro, fueron directo al interrogante que los acuciaba:

—¿Dónde está Buda?

—En el monasterio, disfrazado y escondido —respondió seguro, como un rayo, el iluminado. Y dio por terminada la entrevista y la consulta.

Los monjes se miraron extrañados, en silencio, como si hubiesen sido sorprendidos por una conspiración celestial.

Se examinaron atentamente, interrogándose con los ojos, inquisitivos...

—Por favor —dijo el más novato—, si es alguno de ustedes, no lo niegue más, necesito saberlo.

—Tal vez sea Igor, el panadero, es un hombre excesivamente silencioso y extraño —agregó otro, encanecido.

—Para mí, es el jardinero, siempre ríe y sus sentencias son bellas y pertinentes —aportó el cenobita que estaba encargado de la biblioteca.

Lo cierto es que desde entonces los monjes comenzaron a tratarse con gran respeto unos a otros, porque todos podían ser el mismo Buda, de incógnito.

La elevada consideración recíproca generó una dimensión desconocida hasta entonces en la vida monacal. Se hizo santa, única.

Los devotos que se acercaban al monasterio sentían el clima espiritual de la hermandad, como si el mismo Buda estuviese presente allí.

Los monjes perdieron la costumbre de ir a visitar gurúes, puesto que vivía con ellos el mismo Buda.

Y cuenta la historia que todos, sin excepción, se iluminaron en la comprensión esencial.

Ingresaron en la luz, se elevaron, simplemente por el poder transformador de la convivencia excelente, que así opera, siempre, cuando está presente la sensibilidad respetuosa por el otro y por uno mismo.

—¿Dónde está Buda?

En tu casa, en la oficina, en el taller, en la esquina, latente, muy sensible. A veces va de malvado o de enemigo...

Los hermanos menores

S i ellos enseñan, debemos escucharlos con humildad. Existe mucha soberbia entre los humanos cuando desvalorizamos a nuestras mascotas, cuando las tratamos como si fuesen energías ciegas, impulsos sin orientación, instintos comunes y primitivos, carentes de alguna luz práctica e inteligente: "A un perro con hueso en boca, ni su dueño lo toca".

Los animales domésticos suelen adquirir la neurosis de sus propietarios. Sobrealimentados, pierden gracia y se enferman; atados, se transforman en fieras amenazadoras.

Desde el período neolítico, el perro es un *cautivo voluntario,* el primero de los mamíferos domesticados. En la mitología griega aparece adiestrado por Apolo, cazando con Artemisa, fiel compañero de Ulises y maltratado por Alcibíades, que buscaba fama haciéndolo ladrar, con la cola cortada, en la feria.

Le corresponde al perro el símbolo universal de mensajero entre este mundo y los dominios de ultratumba; se comunica con facilidad con entidades no visibles para sus amos. Es conveniente hablarles amigablemente a nuestros hermanos menores.

Un médico amigo me envió, como simpática colaboración, un recetario de veinte sabios "consejos caninos", que son benéficos, extraordinarios, preventivos de toda patología. A tal punto que sus clientes enferman menos y le pagan honorarios por mantenerse en buena salud. Y todos contentos.

Es que cuando los hermanos menores enseñan, debemos escucharlos con humildad.

"Si uno quiere conocer a los gansos... debe vivir con los gansos." Y Lorenz pasaba días sumergido en las lagunas para estudiar el comportamiento afectivo de esas aves, humildemente. Y sin él volar, les enseñaba a volar, por imitación, a las crías salvajes y huérfanas.*

Si usted quiere aprender de los canes el maravilloso *arte de navegar por la vida,* siga con buen humor esta saludable descripción:

- Nunca deje pasar la oportunidad de salir de paseo.
- Experimente la sensación del aire fresco y del viento en su rostro por puro placer.
- Si alguien a quien ama se aproxima, corra a saludarlo.
- Cuando hubiere necesidad, practique la obediencia.

* Konrad Lorenz (1903-1989), etólogo austríaco. Premio Nobel de Medicina en 1973, por sus investigaciones sobre el comportamiento individual y social de los animales.

- Haga saber a los otros cuándo están invadiendo su territorio.
- Siempre que pueda, duerma una siesta y desperécese al levantarse.
- Salte y juegue a diario.
- Corra con gusto y entusiasmo, pare cuando esté satisfecho.
- Sea leal, siempre.
- Nunca pretenda ser algo que no es.
- Si lo que desea está enterrado, cave hasta encontrarlo.
- Cuando alguien esté pasando un mal día, quédese en silencio, siéntese próximo a él y, gentilmente, intente agradarlo.
- Deje que alguien lo toque.
- Evite morder cuando apenas un gruñido podría resolverlo.
- En días templados, recuéstese de espaldas sobre el pasto.
- En jornadas calurosas, beba mucha agua y descanse bajo un árbol frondoso.
- Cuando esté feliz, baile y sacuda todo el cuerpo.
- No importa cuántas veces lo censuren, no asuma culpas que no tenga y no se ponga mal... Corra inmediatamente de vuelta hacia sus amigos.
- Alégrese con el simple placer de una caminata.
- Por último, disfrute su vida de perro.

Algunos amigos han dicho que este mensaje anónimo proviene de Cannes. No lo creo, más bien me inclino a pensar que fue escrito por un experimentado médico dinamarqués, indudablemente un Gran Danés.

Por último, una reciente investigación publicada en el *British Journal of Psychology* admite que el simple hecho de ir acompañado con un perro permite establecer diálogos mucho más espontáneos que cuando uno camina solo. Atención "solos y solas" sensibles.

Darse cuenta

El "darse cuenta" no es frecuente. Lleva tiempo averiguar qué es realmente lo que está pasando en nuestro interior. Muchas veces no llegamos a descubrirlo nunca, a pesar de la cercanía de los hechos y de las numerosas advertencias que nos ofrece generosamente la vida.

🔊

Se comenta que allá lejos y hace tiempo un campesino, su caballo y su perro caminaban lentamente por una calle polvorienta.

Después de un largo recorrido, el hombre alcanzó a "darse cuenta" de que los tres habían muerto en un accidente.

También los difuntos tardan en "darse cuenta" de su nueva condición.

Lo cierto es que todos retenían la fatiga de la extensa travesía, realizada cuesta arriba, y estaban sedientos. Conservaban la necesidad desesperante de agua.

Quiso el destino que en una curva muy iluminada encontraran un portón, magnífico, de mármol, que permitía ver una fuente de donde brotaba agua fresca y cristalina.

El caminante se dirigió al guardia que cuidaba la entrada y con su garganta seca dijo:

—¡Qué hermoso lugar...! ¿Dónde hemos llegado, amigo?

—Esto es el Cielo —respondió el portero.

—¡Qué suerte! —exclamó el visitante, y agregó—: Tenemos mucha sed... ¿podemos pasar?

—Usted puede entrar y beber a su gusto —indicó el cuidador señalando la fuente.

—También mi caballo y mi perro necesitan agua urgente —contestó el labriego.

—Lo lamento mucho. Aquí no se permite la entrada de animales —concluyó el custodio.

El hombre se sintió muy desafortunado, tenía mucha sed. Sin embargo, alcanzó a "darse cuenta" de que no podía abandonar a sus amigos. Era incapaz de salvarse solo, dejando a sus acompañantes librados a su fortuna. No bebió y siguieron juntos la marcha.

Con la sensación dolorosa de la sed, la fatiga y la discriminación, llegaron al rato a un nuevo sitio.

Allí la puerta estaba semiabierta, permitía ver un sendero bordeado de flores y de buena sombra. Un hombre se encontraba recostado, como dormitando, con un sombrero inclinado sobre los ojos...

—Buen día —dijo el turista—. Estamos con mucha sed; yo, mi caballo y mi perro hemos hecho una larga travesía...

—Buenos días —contestó solícito el hombre, sacándose el sombrero—. Hay una fuente en aquellas piedras, el agua es excelente, pueden beber a voluntad.

Los tres saciaron sus necesidades... Al retirarse el hombre agradeció:

—Muchas gracias. ¡Qué bien nos sentimos, parece nuestra casa...!

—Por favor... Vengan cuando quieran.

—A propósito, ¿cuál es el nombre de este lugar?

—Cielo.

—¿Cielo? Pero si el guardia del portón de mármol me dijo lo mismo.

—No, amigo, aquello es el Infierno.

El caminante quedó perplejo; comenzó a "darse cuenta" de que le estaban pasando cosas demasiado extraordinarias para ser un simple ser humano y que debía asumir su nuevo estado. Le restó energía para hacer esta observación:

—Sin embargo, esta información falsa debe estar creando serios problemas de comunicación entre los visitantes, terribles confusiones.

—Todo lo contrario —respondió el hombre—. El Infierno nos hace un gran favor. Allá quedan aquellos que son capaces de abandonar a sus amigos, para salvarse solos.

El campesino, el caballo y el perro alcanzaron a "darse cuenta" de que Dios es grande.

Nunca más sufrieron de sed y siguen juntos.

Problemas complicados

Según las edades, circunstancias, estados de ánimo y conocimiento, cada uno enfrenta los conflictos propios de la existencia con dosis variadas de ansiedad y de suerte. En cada caso, el problema inmediato parece ser el más complicado. La distancia relativiza la intensidad que tuvo cada dificultad.

Un alma sensible me confesó de esta manera su particular historia de vida:

Me llamo Eustaquio, tengo un año y medio y no sé qué significa esto. Cuando se me cae el chupete entre las sábanas o se me pierde mi oso de peluche, es tal mi desesperación que lloro y pataleo para que mis padres resuelvan mi dificultad. ¡Qué angustia! ¡Son problemas complicados!

¡Hola! Soy Eustaquio, cumplí 8 años, me encanta jugar al fútbol. El mes pasado me saqué una nota estupenda en matemáticas. Mis padres me compraron una pelota profesional; fui el niño más feliz del mundo. Todo era felicidad hasta hoy. La

pelota se me pinchó y mi madre me dijo que no iba a comprarme otra por descuidado. ¡Qué angustia! ¡Estos sí que son problemas complicados!

¿Qué tal? Tengo 15 años y me llamo Eustaquio Rojo.

¿Alguna vez se pusieron a pensar quién soy? ¿Por qué nací? ¿Qué será del futuro? ¿Por qué soy yo, y no otra persona? En realidad, me doy cuenta de que con tantas dudas, así la vida se va haciendo difícil. ¡Qué angustia tengo! ¡Estos sí que son problemas complicados!

¿Cómo estás? Me llamo Eustaquio, y voy a cumplir la grandiosa edad de 18 años. Tengo bajas cuatro materias, y creo que estoy liquidado, soy un fracaso, no sirvo para nada. No quiero ni pensar en la reacción de mis viejos cuando se enteren. Y eso no es todo, lo que me tiene peor es esa gurisa que conocí hace un tiempo; me parece que me enamoré, pero es un poco boba. No sé qué hacer, qué decir, cómo actuar. Esta vida no vale un comino. ¡Cómo me gustaría ser niño otra vez, a esa edad uno no tiene problemas! ¡Qué angustiado estoy! ¡Estos sí que son problemas complicados!

¿Qué tal? Soy el contador Eustaquio Rojo. La empresa donde trabajo no me paga lo suficiente. Estudié toda una vida y... ¿es esto lo que recibo? ¡No es posible! Con esta crisis, que ahoga, el gobierno nos hunde cada día. Ya no soy feliz como cuando era adolescente; entonces no había preocupaciones, ni responsabilidades. Tenía casa, comida, ropa; todo por delante, mi única obligación era el Liceo. ¡Prepárense para el futu-

ro! Porque está lleno de problemas complicados...
¡Qué angustia!

Gusto en conocerlos, soy el catedrático de la
Facultad de Ciencias Económicas Eustaquio Rojo,
padre de familia. Mis hijos la van llevando, pero no
me banco más a mi esposa, no es la que conocí hace dieciocho años. ¡Bendita edad! Cuando cons-
truís castillos en el aire, soñás con ser millonario,
famoso, o como cuando estaba en la universidad y
tenía el mundo a mis pies. Ahora todo es diferente;
la vida es dura. Estoy sintiendo una gran angustia
ante la impotencia para cambiar el mundo. ¡Estos
sí que son problemas complicados!

¡Opa! ¡Ya soy abuelo! Mi nieto se llama Eustaquio, como yo. Goza de buena salud. ¡Qué suerte! Si yo la tuviera sería el hombre más feliz del
mundo, haría tantas cosas que no puedo hacer...
caminaría por el parque de la mano con esa bendita mujer que tengo desde hace cincuenta años,
jugaría con mi nieto a la pelota, viajaría de vez en
cuando con la plata que pude juntar y que ahora
se me va toda en medicamentos. ¡Qué lástima que
la vida sea angustiosa y esté llena de problemas!

¿Qué pasa? ¡No sé dónde estoy! Aquí sólo
veo una luz lejos, al final del camino. Hace un
tiempo fallecí, pero, en realidad, muerto sigo consciente. Tarde me di cuenta de que la vida es más
sencilla. En realidad, estuve muerto, quejándome
de todo, sintiendo que la vida era para sufrir. No
entiendo por qué me preocupaba por un estúpido
sonajero o una pelota pinchada. ¿Qué importa
que tuviese cuatro materias bajas? ¿Por qué le tenía miedo a esa mujer que llegó a ser mi esposa y

que sólo de viejo supe valorar? ¿A quién le importa el gobierno? ¿Por qué me preocupaba de mi salud cuando lo único que tenía era un resfrío? Lo más importante era... ¡que estaba vivo, con sueños y esperanzas! Yo mismo me impuse el peor castigo que puede elegir un ser humano: no vivir la vida. Tarde me di cuenta de que en realidad no existen problemas complicados.

El secreto es vivir intensamente el momento, aprovechar cada día y ser más feliz con lo que ya tenés.

El no darte cuenta de eso... el poder de la sensibilidad... ¡es un problema complicado!

No tenemos,
pero vamos a recibir

En esa época dorada del recuerdo adolescente, amante como hasta hoy de los libros, solía caminar por la avenida Corrientes, que entonces no dormía, desde Maipú, donde vivía, hasta llegar a La Cueva, sótano con portón azul, otrora morada de la activa Biblioteca Teosófica de Buenos Aires, en la calle paralela, Sarmiento 2478.

Era para mí un gran placer hurgar en esas librerías atendidas por sus dueños, que abundaban por doquier, con sus mesas revueltas de obras usadas, último puerto de bibliotecas heredadas, de ventas de apuro por pensionistas morosos, estudiantes sin giros puntuales, o por los eternos arrebatadores de lo ajeno.

Eran locales, para mí, magnéticos por su inconfundible e impregnante olor a humedad, típicos por el desorden generalizado de anaqueles, que incitaban a la posibilidad de un hallazgo valioso imprevisto, orden superior que premiaba el paseo.

Por Sarmiento, a la altura de Montevideo,

había un pequeño negocio a la calle que siempre estaba repleto de viejas obras. Parecía construido así, colmado de escritos, desde su apertura.

El legendario dueño se llamaba Constantino Caló y atendía en la puerta, expulsado por la presión de los textos, huérfanos de espacio.

Era un hombre delgado, entrado en años, de rostro rojizo, supuestamente por el tinto, y con un ojo semicerrado, con irritación crónica. Hablaba con voz baja. Su librería se llamaba La Incógnita.

Su estilo de venta y atención era sumamente simpático. A la pregunta por algún título, don Constantino miraba compungido el interior del negocio donde la montaña de papiros exhibía una confusión insalvable, y volvía su rostro amigable diciendo amablemente:

—No tenemos... pero vamos a recibir. Vuelva el lunes.

Siempre abría un horizonte, un tiempo de esperanza suficiente y confidencial que le permitiera escalar a él, en soledad, el altiplano impreso, desprender soportes, hasta encontrar el preciado título, que sabía seguro y escondido en el laberinto de celulosa.

Por supuesto, no trabajaba ni con catálogos ni con computadoras. Todo era memoria, intuición, equilibrio profesional de librero de raza y, fundamentalmente: olfato.

—Don Constantino... ¿tiene el primer libro que escribió Vargas Vila, en edición encuadernada?

—No tenemos... pero vamos a recibir. Venga el lunes —contestaba con seguridad de oráculo.

Repetía la misma frase, sin ningún pudor, como si una enorme organización distribuidora sostuviese su emprendimiento comercial o un ejército de ángeles lo ayudase a buscar de madrugada lo imposible.

Tampoco intentaba anotar ningún pedido. Parecía que un registro mnemónico superior, en su cabeza, inscribía en moldes la demanda. Y el lunes, el libro estaba, aunque a veces faltase el lector.

Caso contrario, y muy excepcionalmente, se le escuchaba pronunciar, con tristeza, su excusa técnica:

—Agotado por ahora. Venga más adelante, porque en cualquier momento salta un ejemplar.

Todos los libros que alcanzaba a desenterrar y vender llevaban en su interior un sello con tinta roja: *Librería La Incógnita* de Constantino Caló.

Muchas veces en mi vida tuve oportunidades de aplicar la fórmula de don Constantino ante algunas demandas ocasionales:

—Enrique, ¿no tenés un cuento sobre las amazonas?

Entonces miro hacia el stock de anécdotas en el rubro *Afrodita* que, recuerdo o imagino, tuvieron mis amigos; me abrumo, y respondo confiado:

—No tenemos... pero vamos a recibir.

Es abrir esperanzas recíprocas. Mucho más generoso que decir, secamente, no.

Por eso rescato ahora a La Incógnita, como una historia valiosa para personas sensibles.

El elefante colorado

En un hermoso país nórdico vive muy feliz un sabio y rico vendedor que conocí en mi juventud.

Mantiene, por estrategia comercial e impositiva, un perfil publicitario bajo, pero sus ventas son fabulosas.

Ofrece en trato particular, directo, el más extraño de los productos, un artículo increíble por todos deseado: un frasco de agua que se transforma, al agitarlo serenamente durante un minuto, en oro puro.

Este buen hombre no tiene problemas de materia prima en este generoso y contradictorio planeta, que aunque se llama Tierra su mayor superficie es agua.

Es un vendedor que nunca ha recibido una sola queja de sus ambiciosos clientes.

Al cerrar la venta, envolver el preciado producto, cobrar en efectivo y entregarlo, completa la operación con el siguiente aviso:

—Eso sí, no lo olvide nunca: para que el experimento funcione correctamente, cuando usted agita el producto, no debe pensar en el elefante colorado. Si lo hace, suspenda inmediatamente la alquimia y espere un momento más apropiado de su mente.

Los atentos consumidores intentaban una y otra vez llegar al beneficio del oro puro pero, en forma recurrente, infatigable, ¡el elefante colorado aparecía en su escenario mental...!

¿Cuáles son los elefantes colorados que impiden los beneficios de un proyecto, de un sueño o de una empresa?

¿Qué nombres toman los miedos invasores que malogran con su presencia nuestras esperanzas de realización?

El agua que se transforma en oro puro opera en la confianza. Evapora sus intenciones de abundancia en el miedo.

Sólo una mente segura en sí misma puede responder a lo nuevo con lo nuevo. Caso contrario convoca a la caravana de elefantes colorados que desde niños heredamos de nuestros abuelos, y opaca, con el miedo, las posibilidades extraordinarias de nuestra sensibilidad.

Si no lo intentas
nunca lo sabrás

Le preguntaron recientemente a Bill Gates si no sentía amenazado su imperio, por las asociaciones últimas, de enormes compañías en su competencia. Respondió con tranquilidad:

—En absoluto. Más bien le temo a que cuatro jóvenes creativos y entusiastas se encierren en un garaje para inventar algo nuevo en el mundo de la computación.

Henry Ford solía señalar que si a uno le interesa mucho un trabajo, jamás es duro, y si uno coloca todas las energías en su realización, seguramente alcanza el éxito. Ford destacaba que el acontecimiento que más le había impactado en su niñez era una locomotora de carreras, que observó a ocho millas de Detroit:

Había ido con mi padre. Recuerdo la locomotora como si la hubiese visto ayer: era el primer vehículo de tracción no animal que encontraba en mi vida.

Antes de que mi padre se diera cuenta de

mi intención, salté del carro y entablé una conversación con el mecánico. Esa noche no pude cerrar un ojo, impresionado por semejante monstruo. Fue ver ese aparato lo que me orientó hacia el transporte automotor. Y desde el instante en que, a los doce años, conocí esa máquina, mi ambición constante fue construir un aparato que anduviera por las rutas.

La idea de crear la máquina independiente lo perseguiría en adelante como una obsesión.

Desde el momento de la ideación hasta el punto de su realización concreta, existe un largo camino lleno de dificultades. Allí suele atemorizarse el común de las personas, y sumirse en la inacción.

Las obras que admiramos en la sociedad fueron primero soñadas por alguien.

La capacidad de soñar fuerte, el entusiasmo, la convicción para llevar a cabo objetivamente nuestros proyectos son las condiciones secretas de osadía y voluntad que encierra cualquier realización importante.

A veces conviene revisar la fuerza de nuestros sueños, en vez de lamentar las circunstancias adversas.

Todas las construcciones que valoramos del arte y la literatura universal fueron realizadas por creadores con hambre y en las peores condiciones.

En todas las épocas existieron circunstancias limitantes para la innovación. A pesar de ellas, algunas individualidades no pudieron dejar de soñar e inventar, a lo mejor para fugar de las limitaciones sociales, y en todos los casos, con grandes críticas y castigos. Todas las ortodoxias, en un tiempo, fueron heterodoxias.

Tanto es así que alguien puede pensar que las cosas que nos rodean siempre han existido: "¡Mira abuelo, si San Martín y su ejército van a cruzar a caballo la cordillera, con los aviones que hay...!".

No hace mucho los padres y vecinos decían de Bill Gates: "¿Qué estará haciendo encerrado en ese garaje?".

Para probar el funcionamiento del primer automóvil, Henry Ford tuvo que romper la pared de su casa para sacarlo a la calle. No había advertido el tamaño estrecho de la puerta.

Nadie llega a verlo todo. Ahora, si no lo intentas nunca lo sabrás.

Piria

Nació en Montevideo el 21 de agosto de 1847, de padres genoveses. Fue bautizado Fernando Juan Santiago Francisco María Piria Grossi.

Su abuelo era náutico, comandó la fragata *Concepción* que hacía viajes al Río de la Plata desde 1810. También su padre era marino, viajaba hasta Montevideo en la nave *Francisco José,* hasta que se radicó definitivamente en Uruguay.

Francisco Piria, como sus ancestros, eligió ser argonauta, pero en el arte de navegar por la vida.

Se dedicó al negocio inmobiliario, compró y vendió tierras como corresponde a un visionario por naturaleza, apasionado por honrar su apellido, de raíz griega, que significa "fuego", y como buen leonino, encendió voluntades en torno a sus sueños.

A los 45 años, fundó y pobló la ciudad de Piriápolis, convencido de que ella tendría un futuro inexorable, combinación única de mar, sierra, bosque, puerto y saludable hospitalidad.

Desde el cerro Pan de Azúcar hasta el mar, plantó castaños, tabaco, vid, olivares, pinos y forestación de todo tipo, conteniendo así la acción de los médanos en las 2.700 cuadras de tierra que había adquirido. Por esa obra recibió un premio del Ministerio de Ganadería y Agricultura, con el que construyó la escuela pública que actualmente funciona.

En 1897 inauguró la que fue su vivienda particular, actualmente visitada como museo y conocida como el "Castillo de Piria", magnífica construcción, entre palmeras, diseñada con señales esotéricas, tan magnéticas como armónicas.

Las langostas devastaron sus plantaciones. Como símbolo de esperanza emplazó el Cristo Redentor entre el Castillo y el Cerro del Toro y en 1904 inauguró el primer Gran Hotel Piriápolis, que funciona como colonia de vacaciones para alumnos de la escuela primaria.

Instaló un ferrocarril, entre el Pan de Azúcar y el Balneario, con un recorrido por el puerto y la rambla, en el que paseaban turistas, y también portaba carga de granito para las construcciones.

El pintoresco ferrocarril ha sido desactivado, las viejas vías de acero hoy duermen bajo el asfalto. Quedan como testigos de lo que fue su atractivo traqueteo, la imponente Venus de mármol; la fuente del Toro, de bronce, de tres toneladas, que vierte agua mineral; la cascada con caída natural procedente de los cerros, la iglesia todavía en construcción en la ruta 37 y la buena memoria de los antiguos piriapolitas.

Piria fue amado, temido y odiado como corresponde a un hombre propulsor, de extraordinaria capacidad de acción comercial. Su entusiasmo colonizador generaba en sus congéneres "pirexia", elevación de la temperatura corporal.

En 1920 comenzó a edificar lo que sería el Hotel Argentino, que inauguró en 1930. Fue el más importante establecimiento de Sudamérica, con capacidad para alojar a ochocientos turistas, construido totalmente en piedra, al estilo de los antiguos palacios italianos, con una imponente sala de baile, donde Xavier Cugat, D'Arienzo y otros maestros llenaron de música los ambientes; con espectaculares *vitraux* y columnas internas, equipado con vajilla y mobiliario europeos que todavía se aprecian en los servicios, hoy modernizados, con un Centro de Salud y piletas climatizadas, recreaciones que atraen a numerosos visitantes argentinos y uruguayos.

Suelo desarrollar en el Hotel Argentino de Piriápolis, con los turistas interesados, encuentros creativos para estimular tanto la imaginación como la participación en grupos, relatando e inventado cuentos en conjunto. Nunca falta, en las historias creadas, la aparición ingeniosa del fantasma de Piria.

Cuando era joven este uruguayo excepcional convocaba a numerosos clientes, en su oficina de negocios inmobiliarios, con la ayuda de un joven mulato, que desde las nueve de la mañana hasta la noche tocaba un clarinete, por todas las calles de Montevideo, gritando sin cesar, con voz potente: "¡Piria vende!".

Murió en 1933. Han pasado muchos años. Ya son otros sus asuntos, en *el arte de navegar por la vida,* aunque su anecdotario es casi infinito, nadie recuerda su libro *El uruguayo como hombre dormido.*

Y si llegase a sonar ahora el clarinete de

aquel negro "marketinero", todas sus realizaciones en Piriápolis, entonces, por el fuego con que él las animó, gritarían al unísono: "¡Piria vive!".

Opciones

uando uno ve con claridad un peligro, actúa en algún sentido. Si la percepción es confusa solemos suspender la acción, dudamos, intentamos no decidir. El postergar de manera recurrente implica una opción ante la vida, una elección.

Las actitudes, en todos los casos, son posturas mentales de cierta rigidez, con las que repetimos un estilo de formular opciones.

La sabiduría popular observa que si una persona es "ganadora", cuando comete una equivocación se le escucha decir: "Yo me equivoqué".

En cambio, en similar situación, una individualidad "perdedora" se excusa, terminante, con un: "No fue mi culpa"...

Una persona "ganadora" trabaja fuerte y siempre tiene más tiempo libre. Un sujeto "perdedor" está demasiado atareado como para atender aquello que es importante y necesario.

Un "ganador" enfrenta y supera el problema que le ocupa; es *diligente*. Un "perdedor" da vueltas y vueltas a las dificultades con las que se preocupa, es *negligente* con los hechos.

El "ganador" se compromete, centra sus energías en un propósito; un "perdedor", promete, no ingresa de inmediato a las dificultades con voluntad de superación, verbaliza intenciones no asumidas.

Cuando un "ganador" expresa: "Soy bueno, pero no tanto como me gustaría serlo", el "perdedor" aclara: "Yo no soy tan malo como lo es mucha otra gente".

Un sujeto "ganador" escucha, comprende y responde cooperativamente. Un "perdedor" solamente espera que le toque su turno para hablar, desconectándose de lo que se está diciendo.

La personalidad "ganadora" respeta a aquellos que son superiores a él y trata de aprender de ellos. La persona "perdedora" siente resentimiento con aquellos que son sus superiores, trata por todos los medios de encontrarles defectos descalificadores.

Quien es "ganador" se siente responsable no solamente por su trabajo, sino por todas las relaciones que establece en sus interrelaciones con la vida. Quien es "perdedor" se enquista en una posición defensiva: "¡Yo sólo hago mi trabajo!".

Una individualidad "ganadora" argumenta: "Debe haber una mejor forma de hacerlo". Un estilo "perdedor" asegura: "Esta es la mejor forma de hacerlo, es insuperable...".

Se me ocurre ahora que la pregunta que corresponde hacer ante tantas opciones es: ¿qué se trata de ganar?, o bien, ¿qué es lo que se puede perder?

La respuesta queda librada a la reflexión de cada lector. Puede servir de ayuda agregar que una persona "ganadora" comparte este mensaje con sus amistades.

Un "perdedor", en cambio, se guarda este cuento para sí mismo. No lo comenta con nadie por temor a perderlo. No educa su sensibilidad en la alegría de compartir. No vibra.

Saber elegir

estamos viviendo un tiempo de elecciones políticas continuadas. Para algunos se trata de un compromiso decisivo con la sociedad; para otros, de una mera rutina, cuando no de una obligación externa que conviene acatar.

Las elecciones generan, a veces, frustraciones; otras, alegrías; siempre, la sensación de que uno ingresa en un mundo azaroso, donde todos los cálculos y las mejores previsiones se alejan bastante, tanto de las realidades como de los sueños.

Ejemplo: se trata de elegir a un líder mundial y su voto define al aspirante. Se han presentado tres personalidades:

Candidato A: Se lo asocia con políticos corruptos y suele consultar a astrólogos. Ha tenido dos amantes. Fuma un cigarrillo detrás de otro y bebe de ocho a diez Martinis por día.

Candidato B: Lo echaron del trabajo dos veces, duerme hasta tarde, usaba opio en la universidad y tomaba un cuarto de botella de whisky cada noche.

Candidato C: Es un héroe condecorado de guerra. Es vegetariano, no fuma, toma de vez en cuando alguna cerveza y no ha tenido relaciones extramatrimoniales.

La solución es asombrosa. ¿A cuál elegirías...?

El candidato A es Franklin D. Roosevelt.
El candidato B es Winston Churchill.
El candidato C es Adolph Hitler.

🪓

Tal vez sea conveniente explorar otras opciones de la vida. Se atribuye a Teresa de Calcuta un recetario simple para saber elegir:

Las personas son irracionales, inconsecuentes y egoístas. ¡Ámalas!, de todos modos.
Si haces el bien, te acusarán de tener oscuros motivos mezquinos. ¡Haz el bien!, de todos modos. El bien que hagas hoy será olvidado mañana. ¡Haz el bien!, de todos modos.
La sinceridad y la franqueza te hacen vulnerable. ¡Sé sincero y franco!, de todos modos.
Lo que has tardado años en construir, puede ser destruido en una noche. ¡Construye!, de todos modos.
Da al mundo lo mejor que tienes y te golpearán a pesar de ello. ¡Da al mundo lo mejor que tienes!, de todos modos.

Es mejor una simple perla que un buen estuche, una sonrisa personal que una buena foto. Hay que saber elegir. Elegir con sensibilidad.

La obra más grande de la vida

Para algunos hombres la profesión más difícil de la vida es la de ser buen padre. Un artículo reciente de Mario Bunge desarrolla esta idea, señalando cómo algunos profesionales exitosos han sido ancestros nada ejemplares en los aspectos esenciales de la convivencia y el cuidado familiar.

Es posible encontrar *la obra más grande de la vida* en otra realización, muy personal, intransferible, haya o no hijos de por medio. En líneas generales, nadie piensa que un día llegará a ser anciano y dependiente. Mientras se es joven, no es frecuente imaginar que se vayan a perder alguna vez posibilidades y capacidades.

Sin embargo, a su tiempo y si recibimos el don de la longevidad, nos llegará a todos el momento de declinar y limitarnos físicamente y, a veces, rezongar.

Por eso son sabias las observaciones del sacerdote Fernando G. Gutiérrez, cuando, desde su comprensión religiosa, cuenta:

...Conocí en Japón a un misionero alemán en la cumbre de sus posibilidades, que rogaba a Dios le concediera la obra más grande de la vida, que era el saber envejecer.

Cuando había llegado a ser Rector de una gran universidad en Tokio, y párroco después de la mayor iglesia católica de la capital japonesa, escribió estas notas que se encontraron después de su muerte:

¿Cuál es la obra más grande de la vida? Hacerse viejo con un corazón alegre; descansar cuando quisiera trabajar; vivir la esperanza, cuando uno se siente tentado de desesperar; vivir tranquilo en obediencia y cargar con la propia cruz. No envidiar a los jóvenes, cuando se los ve, llenos de vigor; marchar por el camino del Señor, en vez de trabajar por la gente, dejarse cuidar por otros humildemente.

Cuando, debilitado, ya no sirve uno para nada a los demás, seguir siendo amable y dulce. Darle una última mano de bruñido al propio corazón, ya avejentado, para ir a la verdadera patria. Ir soltando, poco a poco, las cadenas que lo atan a uno a este mundo: esto es verdaderamente una labor de grandes.

Y, así, cuando uno ya no pueda más, aceptarlo con humildad. Es el mejor trabajo que Dios nos ha dejado para el final. Esa es la oración: cuando las manos ya no puedan hacer nada, al menos sí, logren hasta el final unirse en una plegaria. Así, cuando haya acabado de hacerlo todo, en la hora de la muerte, oír: "¡Ven, amigo mío, que yo nunca te abandoné!". Así vale la pena envejecer. De este modo, los años de madurez se convierten en años lle-

nos, sin asomo de esa vaciedad inútil que pa-
rece ser la característica de las personas que
no saben envejecer.

Este misionero lo pidió a tiempo y, al final,
realizó *la obra más grande de su vida.*
Uno envejece, paulatinamente, de la misma
manera que ha vivido.
Donde hubo fuego cenizas calientes quedan. La obra más grande sigue consistiendo entonces, como advierte la famosa copla, en "vivir
de tal suerte que uno queda vivo después de la
muerte".
La sensibilidad ayuda a ello.

Sea breve

En muchos casos son despedidas esperanzadas de retorno; en otros, saludos breves de cortesía, intentos de comunicación abstracta de responsabilidad limitada; en todos los casos los epitafios constituyen una síntesis extrema de una vida instalada en la memoria, una crónica orientadora en el cementerio, una invitación al lector meditativo para que aproveche las oportunidades que ofrece su condición excepcional de viviente.

Tal vez sea conveniente recordar algunos mensajes sepulcrales, fuentes renovadas de inspiración:

Aquí yace el poeta Vicente Huidobro.
Abrid su tumba: debajo se ve el mar.

Nada trajimos, nada nos llevamos, nada perdemos. (Monthy Python, en *La vida de Brian*.)

Aquí Molière, el rey de los actores. En estos momentos hace de muerto. Y de verdad que lo hace muy bien.

ᴚ

En una tumba anónima en un cementerio de Inglaterra destruido por los bombardeos, se encontró entre los escombros esta advertencia:

Toda la oscuridad del mundo jamás
podrá apagar la luz de una pequeña vela.

ᴚ

Algunos epitafios mantienen el humor y la autoironía como valores universales que no deben perecer:

¡Hola!
(Educación ante todo.)

Aquí yace Milko Jones y allá y allí y allá...
Milko se ha dedicado durante años, entre otras cosas, a seleccionar mensajes funerarios originales.

Morirán aquellos que jamás sorprendieron aquel vago pasar de la loca alegría.

ᴚ

En la tumba de Newton, en la abadía de Westminster, se puede leer la fórmula por él desarrollada del binomio $(a + b)$ * =...

Aquí descansa Sir Isaac Newton, caballero que con fuerza mental casi divina demostró primero, con su resplandeciente matemática, los movimientos y figuras de los planetas, los senderos de los cometas y el flujo y reflujo del océano.

Investigó cuidadosamente la diferente refrangibilidad de los rayos de la luz, y las propiedades de los colores originados por aquéllos.

Intérprete laborioso, sagaz y fiel de la Naturaleza, Antigüedad, y de la Santa Escritura, defendió en su filosofía la majestad del Todopoderoso y manifestó en su conducta la sencillez del Evangelio. Dad las gracias, mortales, al que ha existido así, y tan grandemente como adorno de la raza humana.

Nació el 25 de diciembre de 1642; falleció el 20 de marzo de 1727.

꒷

Se comenta que con los restos de Arquímedes (287 a.C.-212 a.C.) como único epitafio estaba esculpido un cilindro circunscrito a una esfera, conforme a su famosa demostración.

En la sabiduría jasídica se recuerda a una persona que fue tan buena, honesta y sencilla, que dejó al mundo exactamente igual a como lo había encontrado, no lo complicó más con ilusiones personales de arreglo apurado.

En su lápida, Benjamin Franklin (1706-1790) autoanunció que será nuevamente editado, con correcciones, fiel a sus convicciones en la reencarnación.

꒷

Así decía Nalé Roxlo:

No pongáis en mi estela funeraria mi nombre ni las fechas de mi vida, ni la piadosa frase dirigida a salvar mi memoria literaria.

Que en la palabra ajena no se agrave la confusión creada por la mía, que el mundo incierto que en mi voz vivía, el tiempo borre y el silencio lave.

Si hay un Dios que me quiere como espero, yo que por no saber tanto he mentido, quiero aguardar mi eternidad dormido bajo un mármol por mudo verdadero.

Y escribe en otra ocasión, el epitafio para un poeta:

No le faltaron excusas
para ser pobre y valiente.
Supo vivir claramente.
Amó a su amor y a las Musas.

Yace aquí como ha vivido,
en soledad decorosa.
Su gloria cabe en la rosa
que ninguno le ha traído.

Ya existen epitafios en la Luna. Parecería que al hombre del siglo XXI le falta espacio para vivir y también para morir.

Acompañar

Simplemente estar ahí, presente, al lado de quien te necesita. No es indispensable hablar o hacer algo especial. Lo importante es comunicar al otro que uno está unido con la alegría o la tristeza, que está viviendo el ser querido.

Lo que vale es respetar siempre el pedido, verbal o silencioso, latente o manifiesto, de compañía o de soledad.

Acompañar es intuir la carencia del otro; es cuidar, proteger, sin molestar o dañar.

Es tarea de amigos, de amantes, de seres que se sostienen en la hermandad de los afectos.

Es un servicio de lealtad, a veces logrado exitosamente por nuestras mascotas: perros, gatos o canarios.

Es un punto de contacto, más cerca de los sentimientos invisibles que de la mera proximidad física, ostensible.

Se puede estar "cerca" de alguien, pero con "cercos" divisorios. También es posible estar unidos a la distancia, próximos en el corazón.

Los sentimientos se filtran por las fronteras inventadas por el comercio y la política.

Acompañar no es pared sino puente, unión de almas.

Existen paredes de vidrio, no visibles, que impiden la unidad de los sentimientos, que asfixian el surgimiento generoso y espontáneo de la compasión.

Hay proximidades que agobian y aíslan mucho más que la soledad misma.

"¿Y qué le digo?", preguntó alguien, temeroso de sus propias emociones, ante el dolor de un conocido.

"No digas nada, absolutamente nada", respondió la sensibilidad.

Lo que importa es estar ahí en el momento justo. Tal vez no exista nada mejor que la elocuencia del silencio.

En determinadas circunstancias las palabras sólo consiguen incomunicar.

"Cállate por favor, quiero estar contigo", suplicó el poeta necesitado de compañía.

Este libro quiere ofrecer espacios de encuentros creativos. Crear estímulos acompasados de reflexión, para el lector receptivo. Abrir diálogos de elevación espiritual, consecutivos, que permitan escuchar el ritmo original de la vida, y acompañar con armonía, inteligencia y sensibilidad sus sorpresivos movimientos.

La originalidad es bella

Cada ser humano es único. No existen dos personas idénticas; ni se repiten exactamente los tréboles. Las variedades son naturales, positivas, y embellecen la condición humana y la vida misma en su conjunto.

Ciertas diferencias como el color de la piel, de los ojos, de los cabellos o del tipo físico, provienen de la herencia genética, es decir, de las características transmitidas por los padres que determinan la gran variedad de rasgos que el individuo llegará a desarrollar o no, según las posibilidades del ambiente que encuentre.

Simultáneamente, la cultura imprime en cada vida personal su sello particular, creando una unidad *bio-psico-cultural*, expresión original que somos, molde que nace y se quiebra con cada uno de nosotros para alegría del universo.

Tres dimensiones comprenden al hombre:

- *Universal: todos los hombres son iguales.* (Los hombres mueren.)
- *General: algunos hombres son iguales a otros hombres...* (Algunos hablan español.)

- *Individual: cada hombre es único.* (Sólo hay un Beethoven.)

La diversidad nos es esencial, por lo tanto, es conveniente remarcarla. Es muy valioso el trabajo interdisciplinario que realizan biólogos, antropólogos y psicólogos para integrar el estudio del hombre desde esas tres dimensiones.

El café viene de Moka, Arabia, lo descubrió el derviche Sheikah Abu el-Hasan Sadhili. El cacao llegó de México; el tomate y la papa, de los Andes; la crema helada y los tallarines, de China; la albahaca, de la India. Un comensal advertido hace un viaje cosmopolita cuando disfruta de una mesa bien servida. La variedad es atractiva.

Se ha constituido en Francia en 1922 la Academia Universal de las Culturas, bajo la inspiración de Elie Wiessel.

Ahora acaban de inaugurar su sitio en Internet para ofrecer un *manual on line* sobre los alcances del respeto a la originalidad, redactado por Furio Colombo, Umberto Eco y Jacques Le Golf (*www.academie-universelle.asso.fr*), lo que permite pensar que Internet no siempre intenta homologar o aplastar las individualidades; a veces las privilegia y fortalece.

Por estos antecedentes que nos involucran, publiqué *Cuentos para regalar a personas originales,* que tuvo extraordinaria aceptación.

Es una ingeniosa colección de historias que nos vienen bien a todos, sin excepción; ¿o hay alguien que no sea original o que no haya descubierto, todavía, que su vida es un cuento singular?

Se trata de asumir simplemente lo que somos: únicos e irrepetibles, magníficamente hermosos, como la variedad inagotable de la vida misma.

La originalidad es bella. Tanto como la sensibilidad.

Que no falte
el abrazo fraterno

Hay personas que dicen amar mucho, pero agobian al amado, no dan muestras de amor. Otros no están enamorados, pero dan amor, protección, cuidado respetuoso.

En cierta ocasión, los animales decidieron en asamblea terminar con todas las formas de belicosidad y maltrato entre la familia zoológica del planeta. El congresal más entusiasta en la votación era el oso, que gritaba convencido: "Que no falte el abrazo fraterno, hermanos; un abrazo afectuoso de unión...". Muy pocos seres han sobrevivido a la cordialidad del oso, tal vez el ejemplar poseedor de los bíceps más poderosos. No es cuestión que la caricia sea tan fuerte que aplaste al receptor, como le ocurría al lamentable personaje de *La fuerza bruta,* famoso mensaje de Steinbeck.

Entre los políticos también abundan expresiones de mortal cordialidad. El discurso consigue dañar más que un golpe físico. La palabra ofensiva, el comentario suspicaz, la calumnia, pueden destruir cruelmente en la realidad, aunque la intención declare "no es mi deseo ofender a nadie", o "con el debido respeto que usted me merece, me siento en la obligación cívica de manifestar públicamente que...".

No debería decirse nada en la intimidad que uno no pudiera decir públicamente; ni algo al aire, que después no pueda sostenerse en la intimidad.

Antes que la palabra pueda decirse en presencia de los maestros, debe haber perdido la capacidad de herir.

En la cultura de maltrato organizado que vivimos, pareciera que la inofensividad es una pretensión utópica. Sin embargo, es mal negocio herir; debemos autoprotegernos del poder de nuestra palabra.

$\sim$

Existió un león sediento que no podía acercarse al lago a beber. Cada vez que lo intentaba, aparecía en las aguas otro león que avanzaba hacia él. Si lo miraba fijamente, el congénere también hacía lo propio, con idéntica fiereza. Cuando la sed llegó a provocar una sensación muy dolorosa, el majestuoso rey de la selva se dirigió al lago dispuesto a lo peor, miró fijamente a su rival en las aguas quietas, y hundió la cabeza... El peligro había desaparecido con la entrega, y la sed dolorosa se había calmado generosamente.

Nunca pudo saber que estuvo peleando consigo mismo. Por suerte, la sed es más fuerte que el miedo.

Que no falte el abrazo fraterno, sin que ello implique fracturar al amigo en la desconfianza de la propia inseguridad. Ni oso ni anaconda.

Si amas, muestra cuidadosamente que amas. Con sensibilidad.

El poder
de la comunicación

La comunicación lograda, plena, implica contacto intenso entre quien habla y quien escucha. Cuando ello ocurre, el mensaje tiene permanencia en el tiempo; aunque no se recuerde exacta y totalmente lo dicho.

Mantiene la magia del diálogo que une gratamente, la vigencia afectiva y su contenido conceptual, valiosos e inseparables.

En una radio de Saint Louis, en Missouri, Estados Unidos, todas las mañanas, desde hace treinta y dos años, se escucha durante dos minutos la voz de Ricardo Evans, un comentarista muy querido por la población, que recibe constantemente tarjetas de felicitaciones, saludos y preguntas. Indudablemente, es el programa radial más popular. Y el más breve.

Pero lo que poca gente sabe es que Ricardo Evans murió hace veintiséis años y su comunicación diaria se hizo indispensable para los radioescuchas tanto como el desayuno de rutina.

En múltiples ocasiones la emisora realizó encuestas para determinar si debía mantener en el aire o suspender el programa matutino. La respuesta siempre fue la misma, terminante: "¡Que siga!". Evans fue muy popular durante su vida y, por pedido especial del director de la estación para la que trabajó durante años, grabó unos cuantos mensajes de dos minutos para usarlos cuando fuese necesario.

Así fue como grabó mil novecientos comentarios, suficientes para siete años de transmisiones diarias. Seguramente Ricardo Evans no imaginó en vida su permanencia exitosa protegida por leales oyentes, magnetizados por el poder de la comunicación radial.

Salvando todas las distancias y coincidencias posibles, en mi programa de radio todas las mañanas dirijo un breve comentario sobre el vivir, un estímulo positivo como para empezar bien un nuevo día, entre tanta política, economía y violencia.

Aprendiendo de Ricardo Evans, estoy grabando numerosos mensajes breves, también de dos minutos. Pueden parecer escasos, pero una amiga sensible confesó en una reunión que, para ella, dos por día está muy bien, pero... ¡muy bien...!

P. S. P.

En un concurrido bar y restaurante porteño, había un mozo entrado en años, rápido, distinguido y conversador, que antes de entregar la cuenta a los clientes escribía: "P.S.P." y agregaba una módica suma; la incluía en la consumición, logrando un total redondo.

Los numerosos concurrentes pagaban cordialmente lo gastado y se retiraban satisfechos del lugar y del servicio, sin más comentarios.

En una ocasión, antes de pagar, pregunté al eficiente camarero qué significaba e incluía la sigla "P.S.P.". El hombre sonrió con viva complicidad y, simpáticamente, explicó:

—Por si pasa..., señor.

❧

¿Saben por qué concluyo aquí?
P. S. P.

El pecado de la tristeza

Se conocen más de mil pecados bien definidos. Uno de ellos es el de la tristeza, la ausencia de color en el alma.

El prisma descompone la luz, como en el arco iris, en siete colores inconfundibles, pero suele ocurrir que el ojo sólo percibe el negro o su opuesto, el blanco, la ausencia de color.

Existen señales claras de tristeza: el consumo masivo de euforizantes; el ritual indispensable de la *happy hour* después de la oficina, con el obsequio de un trago plus; los rostros agobiados de los que buscan empleos o de los que trabajan.

Cada vez se pone más en evidencia el predominio del negro y de los grises en la vestimenta. Los aspirantes a ejecutivos visten de negro, igual que sus superiores, y se desplazan petulantes por el centro de las ciudades. Los jóvenes salen de "fiesta" con ropas oscuras, camperas y botas; tanto hombres como mujeres, con definida vocación draculiana.

Los escritores, seguidos por multitud de admiradores de autógrafos, suelen vestir de negro. Es muy probable que comience a venderse ropa negra para bebés, delantales grises para las escuelas, ropa de novia oscura para hacer juego con las sotanas.

La tristeza sienta sus reales en las telenovelas: mata que te matan. La fiesta está en el funeral. La tristeza es "el comienzo del fin". El que sonríe es un irresponsable. Las tendencias hacia la tristeza son notables. Sin embargo, es un "pecado"; esto es, "errar en el blanco, no acertar". Uno peca, al menos etimológicamente, cuando no da donde tiene que dar, cuando se equivoca con la vida. Cuando traiciona a la alegría.

⌇

En una oportunidad se encontraron dos gatos, uno triste y otro alegre. El primero giraba continuamente tratando en vano de agarrarse la cola. Entonces, el otro le preguntó:

—¿Qué te ocurre, qué estás haciendo?

—Estoy tratando de agarrarme la cola, si la alcanzo seré feliz, ya casi la tengo... —Cansado, se detuvo un momento y preguntó:— ¿Cómo es que no persigues tu cola...?

El gato feliz sonrió:

—Alguna vez lo hice, cuando estaba insatisfecho conmigo mismo. Un día descubrí que si caminaba, me seguía, y dejé de dar vueltas tristemente. Desde entonces me acompaña sin problemas. Me alegro de que esté donde está.

⌇

Es posible encontrar un vaso grande de felicidad en las cosas más simples de la vida, en el

reconocimiento gratuito de nuestras propias potencialidades de disfrute, en el reír juntos, en iden-
tificarnos con alguno de los colores que componen el milagro de la luz.

No tratemos de perseguir nuestra sombra.
Nos sigue cuando no le damos importancia. La
tristeza toma fuerza cuando pecamos en ella.

Saborear

En cada paso, todo el camino. En cada instante, toda la vida. En cada pincelada, todo el corazón. Saber es saborear, capacidad de extraer el gusto, la esencia de algo.

Una persona acelerada no está en condiciones de disfrutar la belleza del ahora. Se atraganta en la agitación, no puede extraer los nutrientes que guarda cada momento. Está lanzada al mañana, corre tras su ilusión de lograr un sueño, cuando no escapa de la vacuidad de sí misma, de la desesperación de encontrarse con la propia soledad.

No es bueno terminar con rapidez una buena comida. Hay que aprender a saborear el bocado, el agua, el vino y el café. También la amistad, la compañía, los amaneceres y el amor.

Un amigo de Tres Arroyos me envió una recomendación oportuna sobre este tema; es un profesional de la medicina, la recomienda y la practica. Dice así:

Baile lento.

¿Alguna vez has visto a los niños jugando?

¿O escuchado el chisporroteo de la lluvia en el suelo?

¿Alguna vez seguiste a una mariposa en su errático vuelo?

¿U observado al sol desvaneciéndose en la noche?

Mejor detente.

No bailes tan deprisa.

El tiempo es corto.

La música no durará.

¿Alguna vez le has dicho a tu niño: "Lo haremos mañana", y en tu apatía, no ves su tristeza?

¿Alguna vez has perdido el tacto?

¿Dejado a algún amigo morir porque jamás tuviste tiempo para llamar y decir "Hola"?

Mejor detente.

No bailes tan deprisa.

El tiempo es corto.

La música no durará.

Cuando corres demasiado rápido para llegar a alguna parte, te pierdes la mitad de la diversión de llegar allí.

Cuando te preocupas y te apuras durante el día, es como un regalo sin abrir... tirado a la basura...

La vida no es una carrera, se toma un poco más lentamente; escucha la música antes de que la canción termine.

Aprende con sensibilidad a saborear, a saber.

—Mi mujer tiene dos bustos muy distintos.

—¡Esos cirujanos plásticos son unos ase-sinos!

—No, uno es de Napoleón y el otro, de Mo-zart.

El jefe es el jefe (I)

El autoritarismo no es recomendable porque genera indisciplina. Fomenta en las personas que están bajo su perniciosa influencia dos movimientos pendulares de respuesta: el sometimiento o la rebelión. Lo que siempre es recomendable es el respeto natural a la autoridad.

Se respeta lo respetable, y quien porta la jerarquía reconocida del conocimiento, de la experiencia y de la contención, inspira en cada uno de los subordinados admiración y entusiasmo. Los abusos de poder son nefastos, dejan cicatrices difíciles de ocultar y llevan a las personas a devolver oportunamente los maltratos y violencias recibidos.

Una palabra puede herir mucho más que un golpe físico, el sarcasmo humilla y ofende. Lo que el comercio oficial no ofrece, lo provee el mercado negro. Aquello que no se puede expresar libremente, se escribe en los baños, o se dice claramente en silencio con la generosa imaginación. ¡Si se pudiese escuchar lo que piensa una mente sometida mientras sonríe al sometedor...!

Hay empleados que sienten vergüenza por los jefes que soportan. Es muy triste cuando alguien tiene que defender, por inepto, a su superior. O disculpar excesos de carácter que son propios de una conocida insuficiencia intestinal, pero no de una gestión directiva.

Algunos responsables de la alta conducción pretenden difundir los consejos de moda que compran a granel a los representantes comerciales de los asesores externos como si fuesen *commodities*. Sin conseguir purificar los viejos estilos del autoritarismo declarado o sutil:

—¡Señores, la empresa necesita más imaginación! Quiero ideas, creatividad, innovación. Hay que despertarse de una buena vez, aplicar "empowerment", ¡pero antes de tomar cualquier iniciativa... me consultan!

༉

Un portaaviones de la marina inglesa se pierde en alta mar en noche cerrada y tormentosa. El capitán, preocupado, sube a la torre de comando y observa una luz que avanza directo hacia la poderosa nave. Inmediatamente, con luces especiales envía este mensaje:

—Peligro de colisión. Peligro de colisión. Viren sesenta grados.

Enseguida, otras señales luminosas le responden:

—Peligro de colisión. Peligro de colisión. Viren ustedes sesenta grados.

El capitán, indignado, responde:

—Aquí, capitán Richard Smith, dieciséis me-

dallas por combate, responsable del portaaviones de la NATO Apollo, caballero de la Reina, viren ustedes sesenta grados e identifíquense.

—Peligro de colisión. Peligro de colisión, viren ustedes sesenta grados. Aquí, marinero Gómez, a cargo del faro la Torre de Hércules, en la Coruña.

಄

.Los hechos deciden.

Los faros son como gigantes flacos y altivos con lentes de miope, silos que almacenan rayos de luz, teros marinos, torres solitarias. Los torreros son espiritualmente anfibios, contemplan las puestas de sol que hacen amanecer sus luces y las auroras que las duermen.

Ernesto C. Uriburu, alma sensible, se dedicó a estudiar y a conmoverse con los faros, que orientan en silencio, siempre, mucho más que los discursos de algunos jefes.

Habría que "palpar de discursos".

El jefe es el jefe (II)

Es muy importante lo que el jefe dice o calla. En árabe los términos "said", "amir" y "gail", son palabras que significan 'jefe', y también 'el que habla'. Ello implica jerarquía en el discurso, verbo que sabe, orden adecuada, no palabra vana.

El jefe no habla de más y la tradición enseña que "donde manda el capitán no opina el marinero".

El superior tiene legitimado el cargo por una designación oficial, conocida, y también exhibe en sus funciones símbolos de estatus, esto es, señales visibles de su poder: una corona, una banda, un báculo, una mitra, una insignia, un escritorio, el despacho más grande y/o una secretaria ejecutiva bilingüe.

El directivo mantiene una distancia natural con sus subordinados, burbuja óptima para desarrollar movimientos con una implicancia controlada. A su vez, todo comandante tiene un jefe, que también responde a un mando más elevado. Tal vez por eso el jefe mira hacia arriba y el subordinado hacia abajo.

Es fundamental que el jefe conozca las motivaciones más profundas de su personalidad; aquellos impulsos que lo llevaron a asumir la conducción. Así se pueden evitar posteriormente los abusos de poder, tan frecuentes, y no malograr oportunidades de gestión por ignorancia.

Si alguien debe repetir frecuentemente: "¡El jefe soy yo...! ¿No se dio cuenta?", seguramente, no es el jefe. La autoridad se percibe y la autoridad nunca es autoritaria.

La sabiduría china recuerda que si el gran comandante está sentado en la cima del monte Lú, entonces... no ve al monte Lú.

ॐ

Existió un domador de fieras que se hizo famoso por la forma elegante de dominar a un enorme tigre de Bengala. Ambos ingresaban a una gran jaula donde el animal era liberado de su prisión, ubicada en la parte superior del encierro. Se lo obligaba a salir y hacer visible, con los movimientos musicales del látigo, y se exhibía, magnífico, cuando se apoyaba sobre una superficie bien alta de madera.

Ante el cerrado aplauso del público el animal mostraba dócilmente su porte soberbio e impresionaba con su indiscutible fiereza...

El domador, por las dudas, disponía que su propia mujer siguiera atenta la ceremonia, desde afuera, portando un revólver, por las dudas, por si llegara a darse algún descontrol irreparable. Esto daba al artista una gran confianza en la conducción personal de la experiencia.

Cuando su mujer falleció, el hombre dudaba de continuar con el espectáculo. Necesitaba la se-

guridad exclusiva que le brindaba su extrañada esposa. Pero, como domador ocurrente que era, continuó con su número en el circo, sin custodia ni peligro.

Simplemente serruchó la tarima donde se instalaba el tigre, de tal manera que, al achicarla, sólo cupieran estrechamente sus extremidades.

El animal entonces, estresado, estaba tan ocupado en no caerse ¡que sólo atinaba a ocuparse de cuidar su pequeño puesto!

Entre nosotros se aconseja que "si querés conocer a Agapito, dale un puestito".

El jefe es el jefe (III)

Recuerdo ahora una divertida anécdota de mi largo historial como capacitador en empresas.

Se jubilaba el jefe de Personal de una compañía multinacional y éste había decidido realizar, por vez primera en su gestión, una jornada de trabajo creativo con todos los integrantes de la sección: unas setenta personas distribuidas en todo el país.

Me confiaron la conducción del seminario. El ambiente físico, rodeado de jardines, era óptimo; el día, primaveral, soleado; en los ánimos excelentes, se percibía la alegría del encuentro; el directivo saliente, señor campechano y de criterio, estaba contento con toda su gente reunida. Por mi parte me encontraba con el mejor ánimo para un trabajo de integración festivo, distendido y, a la vez, intenso... Fui elogiosamente presentado, y cuando me disponía a comenzar mi exposición inicial, alguien se puso de pie y me pidió la palabra.

Era un hombre de Seguridad, corpulento,

de unos 50 años, que con voz firme y sonriendo me preguntó:

—¿Quién es el jefe en el cuerpo humano..., lo sabe?

—Tal vez el cerebro...—respondí cauteloso y asombrado.

—En absoluto —contestó y, dirigiéndose a los presentes, con entusiasmo, agregó—: En cierta ocasión, los órganos del cuerpo humano decidieron determinar en asamblea general, y por consenso, quién era el jefe. El primero en tomar la palabra, también en proponerse, fue el cerebro, que suele tener la mejor prensa sobre este tema: "Señores, no hay mucho que hablar, el jefe soy yo". De inmediato irrumpió el corazón: "Si me detengo se terminó la fiesta, ¡el jefe soy yo!". El páncreas argumentó: "Están equivocados. El jefe soy yo, mi función es insustituible". Y siguió un acalorado y confuso debate. Se escuchó gritar, con ventaja, a la garganta, al intestino y a los pulmones reclamando por su liderazgo natural. De pronto, una voz ronca, terminante, oculta e inesperada, masculló: "El jefe soy yo". El cerebro, como un rayo, contestó molesto: "¿Quién le dio permiso para hablar? ¡No se da cuenta de que carece de jerarquía..!". Y se comenta que el ano se ofendió, y en silencio, se cerró con firmeza. Pasaron los días y el clima interno se hizo insoportable. El cerebro le repetía al corazón: "Vos, que sos el jefe, andá y hablale"; a lo que el corazón respondía: "No, andá vos que sos el jefe". Y así se iban transfiriendo el angustiante problema común, hasta que el cerebro, con su mejor ánimo, humildemente, le sentenció al trasero: "Está bien, el jefe sos vos". "Se dieron cuenta, ¿no?", respondió orgulloso el ano y su primera iniciati-

va en el mando fue aflojarse y defecarlos a todos. Que viene a ser la función más espontánea
del jefe.

Agradecí al buen hombre su contribución
al tema del liderazgo, que consideraba suficien-
temente tratado con su exposición, y entre las ri-
sas de todos le advertí:

—Muchas gracias, pero hoy no te sientas
obligado a decir públicamente todo lo que pase
por tu cabeza.

La jornada tuvo un desarrollo excelente, y
quedó claro que el aporte de cada uno es fundamental en la salud del conjunto, y es responsabilidad del jefe lograr esa armonía, de inteligencia,
originalidad y sensibilidad.

La sagrada risa

Se le preguntó a alguien profundamente alegre en qué pensaba para encontrarse en ese estado. Y respondió con naturalidad: "En mí mismo, en quién más". La alegría no malogra momentos para expresarse. ¿Alguien puede imaginar un Paraíso triste?

Por la alegría cantan las estrellas matutinas; la alegría despierta visión y unidad. Por la alegría habla Dios en nuestro corazón. "Comamos y estemos alegres", dice Lucas en el capítulo 15.

En algunas iglesias de los Estados Unidos y Canadá, los domingos se convoca a la hilaridad. El movimiento se llama *Holy laughter*, "risa sagrada". Los feligreses afirman que los accesos de risa han modificado sustancialmente sus vidas, y que experimentan un trance espiritual al liberarse de los miedos y las tensiones.

La contagiosa alegría llegó a los Estados Unidos a través del sacerdote Rodney Howard Browne, sudafricano. Estas ceremonias expansivas y liberadoras tuvieron desarrollo en Toronto,

Canadá. Todas las tardes y dos veces los domingos, la iglesia Vineyard, ubicada en el aeropuerto, organiza santos encuentros conducidos por el padre John Arnott, que concluyen, sin excepción, con lágrimas de risa compartidas. Muchos concurrentes caen al suelo de las carcajadas; otros, más entregados, llegan hasta el desmayo. Y todo está organizado en la iglesia para que nadie se lastime o sufra algún extravío peligroso.

Para ello, el pastor John Arnott cuenta con cuarenta y cinco misioneros que colaboran, ochenta empleados, un presupuesto de seis millones de dólares. Asegura Irmintraut Jost, estudioso de este fenómeno finisecular y actual, que en Gran Bretaña más de dos mil parroquias están practicando la prédica de *Holy laugther*.

El movimiento ha generado también serias miradas críticas. Hank Hannegraf, del influyente Christian Science Centre de la localidad de Irvine, en California, considera que se "trata de hipnosis y de sugestión", y que las experiencias de Toronto pueden dar lugar al surgimiento de ritos ocultos. Y también la iglesia supervisora Vineyard Fellowship, de Anaheim, California, ha desautorizado a su filial de Toronto para practicar esas formas "degradantes" que violan los mandamientos.

En el Corán se afirma que el Paraíso pertenece al hombre que ha hecho reír a sus semejantes. La alegría es otro nombre de nuestra verdadera identidad. Es buena en sí misma.

Una magnífica fiesta de la alegría se vivía en el ritual de nuestras iglesias católicas todos los Sábados de Gloria. Las campanas, los cánticos y el órgano, el incienso y las flores acompañaban el movimiento que descorría los paños violetas que cubrían el altar mayor. Se estaba anunciando con ello la resurrección de Jesús, la renovada energía del poder del espíritu, un baño total de santa alegría. Lamentablemente, este ritual fue declinando y no tenemos más Sábados de Gloria.

La alegría es un estado de exaltación propio de los hombres de fe, un imán que asegura que todo está en buenas manos, y ello es tema permanente de regocijo compartido.

Da pena no esperar más esa fiesta de campanas de los Sábados de Gloria de la alegre infancia. Tan intensa como mesurada y sensible.

Sorpresas

La vida nos sorprende a veces con hechos que escapan a todo cálculo posible. La realidad suele superar la ficción, entonces, nos quedamos atónitos, excedidos, y a la vez maravillados por la infinita gama de posibilidades que tiene la existencia en un universo en expansión.

No podemos evitar las sorpresas. Son a prueba de cualquier sistema de seguridad, éste puede caer en cualquier momento, porque sí.

Todo sistema seguro lo es porque entre otras condiciones siempre encierra una fallita, una sorpresa.

En cierta ocasión me encontré en la alta montaña con un joven que estaba acampando en soledad absoluta.

—¿Alguna visita? —le pregunté.

—No. Hace un mes que estoy aquí y nadie ha venido. Pero anoche hizo frío, entraron en la carpa un cuis y un zorrino. Fue una compañía agradable, una sorpresa —me contestó sonriendo.

჻

Un relato conmovedor es el de Michel Tournier, el narrador francés autor de *El rey y los alisos, Los meteoros, Celebrations,* varias veces candidato al Premio Nobel.

Extraigo un fragmento de la traducción que de él hace Pedro B. Rey, publicada en el diario *La Nación,* que dice así:

Tuve conocimiento de un hecho que me dejó estupefacto. Durante el verano en los Alpes Marítimos, un bosque se incendió. Llegado el invierno, cuando se disiparon las últimas humaredas del siniestro, un equipo de guardabosques inspeccionó las tierras calcinadas. Cuál no fue su sorpresa al descubrir lo que, en un comienzo, tomaron por un inmenso pez de piel negra y lisa. Bajo las heridas, se habían formado erupciones y ampollas. Sin embargo, al examinarlo bien, resultó que no se trataba en absoluto de un pez. Era un hombre rana que se había cocido en su traje, como una papa en su cáscara. Pero ¿cómo había podido llegar hasta allí, a una treintena de kilómetros de la playa?

Hubo que rendirse a una evidencia terrible: aviones antifuego habían realizado una y otra vez el recorrido entre el mar y el bosque incendiado, absorbiendo y vertiendo en cada viaje grandes cantidades de agua. Este valiente señor debía estar librándose a los discretos encantos de la pesca submarina cuando fue literalmente englutido por los enormes depósitos de uno de estos aviones que absorben diez toneladas de agua en veinte segundos. Minutos después, era vomitado en pleno cielo sobre el bosque en llamas. ¡Qué aventura para un tranquilo veraneante! Y ni siquiera había tenido el consuelo de poder contárselo a sus amigos.

∽

Divertimento, en música, quiere decir, variedad. La vida hace buena música con sus sorpresas. Un cuento oportuno es una variedad rítmica, un divertimento muy bello.

En cierta ocasión di una conferencia sobre *El lugar de la imaginación*. Asistió numeroso público. Un señor concurrió con su nieto, un niño de 6 años, y se sentó en la primera fila, se disculpó de no haber encontrado otra posibilidad para dejar al chico en casa y afirmó que los dos querían venir a toda costa a escucharme, agregando además que no molestarían en absoluto.

Así ocurrió. En un momento hablé sobre la capacidad imaginativa que a veces exige el poner límites.

Entonces conté que había conocido una famosa bombonería en la calle Florida de Buenos Aires, donde el dueño les pedía a las empleadas nuevas, que incorporaba para la atención al público, que por favor no dejaran de comer todos los bombones que quisieran. Les pedía que no se limitasen en absoluto.

Las empleadas, el primer día degustaban todos los productos con avidez. Lo mismo en la segunda jornada, pero después... en años no volvían a probar ninguna exquisitez, que perdían todo atractivo por el rápido hartazgo.

La disertación fue muy amena, con mucha participación de los asistentes, y ya casi al terminar el chico levantó respetuosamente la mano, para pedir la palabra. Y dijo:

—Perdón, señor, antes que termine la clase, ¿dónde queda la bombonería?

El público festejó la sorpresa y comenzó una fluidez de preguntas y respuestas.

Me referí luego, a propósito de los límites de la atención, a las ventajas de dormir la siesta. Situación que contó con el beneplácito de todos los presentes. De pronto el niño volvió a levantar la mano y dijo:

—La siesta puede ser buena, pero deben quedar guardias en los servicios porque en mi pueblo si yo necesito dulce de leche, ¿dónde lo consigo a la hora de la siesta?

El sentido de la vida

A pocos años de la muerte del psiquiatra vienés Víctor Frankl, su presencia se hace sentir cada vez más fuerte entre las personas que tuvimos la suerte de conocer su obra de servicio.

En numerosas oportunidades visitó la Argentina. Su mensaje, siempre claro, vital, con tenaz sentido del humor, profundamente esperanzado en los potenciales espirituales del hombre, está totalmente vigente. Sufrió años de prisión y maltrato en los campos de concentración alemanes durante la última gran guerra, suspendida en 1945.

La locura bélica entre hermanos, la crueldad sin límites, la ignominia, no quebraron su alma ni hundieron su sensibilidad en los horrores del odio y la venganza. Era un constructor, amaba al hombre hasta en su peor expresión y circunstancia. Sabía que iba a morir, asumía su fugacidad y por lo tanto estaba enamorado de la vida, de lo germinal, del servicio, de la esperanza.

Todas las mañanas, al iniciar sus actividades, y también por las noches, en el balance diario, se preguntaba: "¿Por qué habré sobrevivido al campo de concentración? ¿Para hacer qué cosa?". Haber superado el exterminio generalizado de la prisión que padeció, capaz de extinguir al 97 por ciento de los cautivos, le confería un mandato interno impostergable.

Él confiaba en la esperanza, es decir, el proyecto que tomaba raíces en un porqué, en un sentido. Las personas se deprimen, se agobian, se suicidan por carecer del sostén vivencial, mágico, de la esperanza, lo que los griegos llamaban *elpidio*. Por eso, la *elpidioterapia* de Víctor Frankl no se agota en el análisis, inscribe cada vida en una intención más amplia de interacción social, de apertura a los otros, al poder de los afectos. Si se tiene asumido un porqué, al mismo tiempo se logran muchos cómo.

Es muy frecuente que pidamos a todos los instructores a nuestro paso recetas del tipo: "¿Cómo hacer para?", sin tener claridad acerca de qué queremos realmente hacer. Así nos llenamos de técnicas sin fundamentos, carentes de objetivos lúcidos.

Recuerda Víctor Frankl que en una oportunidad estuvo a punto de entregarse a la muerte. Estaba agotado, desfalleciente, era una interminable caminata sobre la nieve, los pies lastimados, hambriento, y en el momento mismo en que se disponía a caer abandonado a su suerte, vio con claridad en su mente una imagen: estaba hablando en la universidad a docentes y alumnos sobre el sentido de la vida. "No puedo morir ahora —se dijo— tengo que dar esa conferencia."

Sus intuiciones, como su responsabilidad y vida, no fueron vanas, especialmente para las personas con sensibilidad.

Encontrar el lugar

Nuestra mente no está programada para captar lo esencial. Perdemos ubicación en los datos del recuerdo, en la información banal, o en las argumentaciones de rutina.

Así, los movimientos recurrentes tranquilizan el funcionamiento del sistema, incorporado tempranamente, y las respuestas que ofrecemos suelen ser descomprometidas y superficiales, sin interrogantes ni asombro, cuestionamientos ni profundización alguna. Y es frecuente, de esa manera, que se nos escape el lugar de lo importante.

El mapa no es el territorio. Y el refranero advierte que no es lo mismo "aserrín que pan rallado", "ni oro todo lo que reluce", externamente muy parecidos.

Noruega no es lo mismo que Nigeria, aunque figuren en el atlas y en el diccionario comiencen con N, terminen con a, y tengan ambas siete letras. Las dos están en el planeta: una, ubicada en Europa, cuenta con cinco millones de habitantes y su ingreso per cápita es de treinta y cinco mil dólares. La otra está instalada en África, poblada por ciento veinte millones de seres que se distribuyen escasamente trescientos dólares anuales por cabeza, del producto bruto.

Son muchas las diferencias que nos separan en la casa Tierra; sin embargo, más poderosas son las razones para la unidad. En cada casa, barrio, aldea, provincia o continente, las fronteras fragmentan los pequeños territorios del aislamiento y malogran la sinergia del conjunto, pero subyace la unidad de la condición humana y la orquestación universal de la vida misma, sin cercos divisorios ni pujas distributivas.

Ambos países han inaugurado el nuevo milenio con idénticas necesidades de autorrealización, pero con marcadas diferencias de recursos, clima y sueños. Se trata de las tantas indignidades planetarias de los viejos siglos, todavía vigentes, y que se multiplican en cada país o comarca.

Chiara Lubich, con los focolares, distribuidos por el mundo, afirma "que toda nuestra vida no es otra cosa que buscar y encontrar el lugar del corazón", que no es lo mismo que consultar al cardiólogo.

Toda palabra que no se abra sobre el silencio se hace ideología, fundamentación teórica, esquema político, norma o lema para discurso de ocasión.

El silencio será el lenguaje del mundo venidero. La tradición monástica habla de "hesicasmo", silencio de unión, que permite hacer comunión con todas las cosas. La conciencia entonces desciende, o asciende, al corazón, acaba de encontrar el lugar.

Monje es aquel que, separado, está unido a

todos. "Sé amigo de todos, pero en tu espíritu permanece solo."

Jesús, juez que perdona, expresó oportunamente la dificultad que tenía para encontrar el lugar donde reposar su cabeza.

Ni en el mapa ni en el diccionario, alguien puede llegar a encontrar el lugar del amor, tampoco en el templo ni en ninguna ceremonia especial.

El silencio apropiado nos visita a veces cuando la disponibilidad interna es alta, cuando la hospitalidad del corazón ofrece sin reservas el buen trato de la unidad, cuando lo sagrado nos visita.

El nuevo milenio será el reino de la quinta dimensión. El lugar planetario del amor. Una revolución interna en las profundidades de nuestro centro coronario.

Una invasión incontenible de luz cooperante, "hasta verte en la claridad que Tú habitas".

La maravillosa potencia del amor borra todos los cercos.

¿Me permite explicar?

Cuántas veces uno trata de explicar hechos presenciales, vividos, pero que resultan incomprensibles para nosotros mismos. Y, sin embargo... debemos aclarar, fundamentar las circunstancias, hacernos entender como testigos presenciales.

Un amigo me informa que en agosto de 1998, en la revista *Quórum* del Colegio de Abogados de Mar del Plata, se publicó la explicación brindada por un albañil gallego a la compañía aseguradora; ésta no llegaba a comprender cómo podía haber ocurrido el accidente, dada la naturaleza de las lesiones declaradas.

Es un hecho real, verídico, cuya transcripción se obtuvo de una copia del archivo de la aseguradora.

El caso fue juzgado en el tribunal de Primera Instancia de Pontevedra, provincia gallega, vecina de Portugal, densamente poblada.

Excelentísimos Señores:
En respuesta a su pedido de informacio-

nes adicionales declaro: En el ítem Nro. 1, sobre mi participación en los acontecimientos, mencioné: "tratando de ejecutar la tarea y sin ayuda", como la causa de mi accidente. Me piden en su carta que dé una declaración más detallada, por lo que espero que lo que sigue aclare de una vez por todas sus dudas.

Soy albañil desde hace diez años. En el día del accidente estaba trabajando, sin ayuda, colocando ladrillos en una pared del sexto piso del edificio en construcción en esta ciudad. Finalizadas mis tareas verifiqué que habían sobrado aproximadamente doscientos cincuenta kilos de ladrillos. En vez de cargarlos hasta la planta baja a mano, decidí colocarlos en un barril, y bajarlos con ayuda de una roldana que felizmente se hallaba fijada a una viga en el techo del sexto piso. Bajé hasta la planta baja y até el barril con una soga y con ayuda de la roldana lo icé hasta el sexto piso, luego de lo cual até la soga a una de las columnas del edificio. Subí luego hasta el sexto piso y cargué los ladrillos en el barril. Volví para la planta baja, desaté la soga y la agarré con fuerza, de modo que los doscientos cincuenta kilogramos de ladrillos bajasen suavemente (debo indicar que en el ítem primero de mi declaración a la policía indiqué que mi peso corporal era de ochenta kilogramos). Sorpresivamente, mis pies se separaron del suelo, y comencé a ascender rápidamente arrastrado por la soga, debido al susto que llevé, perdí mi presencia de espíritu e irreflexivamente me aferré más aún a la soga, mientras ascendía a gran velocidad. En las proximidades del ter-

cer piso me encontré con el barril que baja-
ba a una velocidad aproximada a la de mi
subida, fue imposible evitar el choque. Creo
que allí se produjo la fractura de cráneo.
Continué subiendo hasta que mis dedos se
engancharon dentro de la roldana, lo que
provocó la detención de mi subida, y también las quebraduras múltiples de los dedos
y de la muñeca. A esta altura (de los acontecimientos) ya había recuperado mi presencia
de espíritu, y pese a los dolores continué
aferrado a la cuerda. Fue en ese instante que
el barril chocó contra el suelo, el fondo del
mismo se partió y todos los ladrillos se des-
parramaron, sin la carga el barril pesaba
aproximadamente veinticinco kilogramos.
Debido a un principio físico simplísimo comencé a descender rápidamente hacia la planta baja. Aproximadamente al pasar por el
tercer piso me encontré con el barril vacío
que subía, en el choque que sobrevino, estoy
casi seguro, se produjo la quebradura de to-
billos y de la nariz. Este choque felizmente
disminuyó la velocidad de mi caída de manera que cuando aterricé encima de la montaña de ladrillos sólo me quebré 3 vértebras.
Lamento, sin embargo, informar que cuando
me encontraba caído encima de los ladrillos
con dolores insoportables y sin poder mo-
verme, y viendo encima de mí el barril, perdí nuevamente mi presencia de espíritu y
solté la soga. Debido a que el barril pesaba
más que la cuerda, descendió rápidamente y
cayó encima de mis piernas quebrándome
las dos tibias.

Esperando haber aclarado definitivamen-

te las causas y el desarrollo de los acontecimientos me despido atentamente. Será Justicia.

El desencanto del alma

Cómo hacer para desprendernos de las monedas falsas que hemos ido acumulando? Krishnamurti solía decir que los gurúes explotan nuestra vanidad. "No tengan refugio en lo externo ni en lo interno; posean una habitación o una casa o una familia, pero no permitan que ello se convierta en un escondite, en un escape de sí mismos; sólo aquel que muere cada día, está más allá de la muerte."

Comenta Joseph Campbell que cuando visitó la India quiso conocer un maestro verdadero, no quería escuchar más cháchara sobre Maya, y cómo había que renunciar al mundo. Tuvo una entrevista privada con Sri Atmananda y preguntó: "Si todo es Brahman, todo es el brillo divino, ¿cómo podemos decirle 'no' a la ignorancia o a la brutalidad o a cualquier cosa?".

La respuesta fue: "Entre usted y yo, decimos sí". Y agregó: "¿Dónde estamos entre dos pensamientos?".

La antigua sabiduría vedanta reitera un

mensaje simple cuando logra que el Alma misma exprese su naturaleza mágica, y agrega Sri Atmananda, a quien conocí en Trivandrum:

> Es la mente quien tiene pensamientos y sentimientos, no Yo. Nacimiento, crecimiento, decaimiento y muerte pertenecen al cuerpo y no a Mí.
>
> No soy el cuerpo. No tengo cuerpo. No soy la mente. No tengo mente. No soy el hacedor. No soy el gozador.
>
> Soy pura conciencia que no conoce disolución. Aquello que brilla justo antes y después de cada pensamiento y sentimiento es el Yo. Ello es conciencia sin objeto; eso es el Alma.
>
> Es el Alma también aquello que brilla como una bendición en el sueño profundo y también cuando el objeto deseado es alcanzado. El mundo brilla por Mi luz: sin Mí, es nada.
>
> Yo soy la luz en la percepción del mundo.

ॐ

En algunas oportunidades muy especiales, el Alma comenta su desencanto:

> ¿Por qué si te acompaño desde tantas vidas, si Soy testigo de todas tus vigilias y sueños, por qué nunca te diriges a mí, nunca me miras?

ॐ

Las *monedas falsas* que atesora nuestro pequeño yo ilusorio nos encandilan, se transforman en el pesado tesoro que encierra, y mantiene cautivas, las potencialidades mágicas de nuestro ser divino.

Sin la *luz del alma* muy poco, o nada, son nuestros apegos egotrópicos. Somos prisioneros de nosotros mismos, no hay carcelero externo, la llave que manumisa está muy cerca, pero no nos animamos a verla. Allí radica el *desencanto del alma*.

Trabajar

En la organización social de los Incas, cuando el hombre cumplía los 50 años tenía derecho a descansar. Es decir, podía disfrutar del ocio y "sentarse a tomar sol".

Hasta entonces debía cumplir regularmente las jornadas de trabajo que le correspondían para beneficio de la comunidad. No se concebía la vagancia, la mendicidad ni el hambre colectiva.

Todo hombre debía producir, por lo menos, lo que consumía.

Muy pocas veces se daba el caso de que alguien quisiera quedarse con lo ajeno. Si eso ocurría era severamente castigado.

Si el insólito y sorprendido ladrón demostraba que había robado por necesidad de alimento, si su desliz obedecía a que carecía de trabajo, inmediatamente quedaba en libertad y resarcido. Si eso ocurría se castigaba duramente, en cambio, al responsable oficial de administrar tareas, por impericia o negligencia.

La generación y distribución del trabajo era obligación primaria del Estado porque se entendía que todo hombre debía vivir de lo que producía. Nadie concebía como posible que algún adulto sano pudiese estar elegantemente desocupado y sobrevivir. Era función del Inca proteger a los súbditos generando los trabajos necesarios.

La conquista española no valoró de la misma manera el esfuerzo laboral.

El señor no debía ensuciarse las manos en la producción, para ello estaban los esclavos por vida y sucesión.

Tampoco estuvo en la imaginación de los colonizadores, en ningún momento, ni antes ni ahora, el deseo de globalizar los beneficios.

෴

Un amigo que dirige actualmente una importante empresa en una tradicional provincia argentina, me comentó esta anécdota de recién llegado:

Estaba cortando el pasto en el jardín de mi nueva casa, en un barrio residencial, cuando de pronto se acercó alguien con un lujoso automóvil, y al verme, desde la calle chistó y, sin bajar, me preguntó secamente: "¿Está el señor de la casa?".

෴

Sin embargo, el refranero universal, con raíces ancestrales, señala:

Mejor trabajar de balde que vivir de balde;
La araña nació para hilar y el hombre para trabajar;

No es persona baja el que trabaja;
Martillo hace y deshace castillo;
En esta vida caduca, el que no trabaja no
manduca.

El trabajo dignifica. Es un camino de realización personal, organiza nuestras energías y
proyectos, nos presenta en sociedad como ele-
mentos vitales y serviciales.

ॐ

Finalizada la guerra mundial en 1945, en la
Europa devastada, existió una enorme desocupación y hambruna. Como respuesta estatal ful-
minante, para no mantener a las poblaciones en
viciosa inactividad y desesperanza, se organiza-
ron miles de piquetes de reconstrucción.

Se ofrecía trabajo por doquier, oportunidades laborales que brindaban, de inmediato, un
sentido de vida, altamente valioso, aunque no tuviese la actividad, momentáneamente, otra retri-
bución que la comida diaria, compartida, y las
esperanzas propias de vivir un proceso de rena-
cimiento social.

ॐ

En la Argentina faltan empleos, pero hay
inagotable trabajo vacante.

Con las cifras que tenemos de morbimorta-
lidad infantil, escolaridad primaria incompleta,
necesidad de vivienda, está todo por hacerse. No
puede haber lugar para el lamento infecundo ni
para el aburrimiento.

Faltan, sí, conductores de esta enorme energía social, actualmente caída en depresión, rencor y desaliento. Y por ausencia de este efectivo liderazgo, contamos con organizaciones costosas, vanas y pesadas que sólo pueden autosostenerse porque quien vive de las necesidades ajenas no tiene ningún apuro en resolverlas.

Es indispensable movilizar redes creativas de ocupación, programas que contribuyan a que cada desocupado se transforme en un agente jerarquizado por la calidad de su aporte integrado y solidario. Es distinto volver a la casa con la satisfacción de haber realizado una tarea digna que con el vacío moral de sentirse excluido socialmente. Sólo se evoluciona en la medida que se sirve.

Alguien que está atendiendo un comedor popular, con entrega, no puede estar abúlico ni triste. Lo que hace no tiene precio, pero vale notablemente.

ॐ

Los monasterios creados por Benito de Nursia, base de la organización europea actual, fueron poblados por ladrones de rutas, desocupados y *homeless,* que no encontraban una inserción social en "el sistema" de la época.

Benito les ofrecía un lugar, un nombre, techo, alimento, capacitación, vida en comunidad, familia, no un salario básico y móvil o una costosa estructura sindical o patronal.

Los tiempos han cambiado totalmente.

La globalización, que no distribuye los beneficios, exige nuevas habilidades productivas, tecnología y organización. Pero las necesidades profundas de realización del hombre siguen siendo básicas y permanentes aunque sólo sean los robots los que estén usufructuando, en estos momentos, el empleo pleno.

El nuevo Estado benefactor reclama capacidad innovadora, rapidez de movimientos, imaginación, pensamiento libre y valentía para canalizar todas las potencialidades que duermen en la población, en las pequeñas comunidades, en los centros vecinales y en las personas creativas y altruistas que siempre están muy ocupadas, con empleo o sin él.

Según las tendencias, la desocupación se extenderá mucho más. Y, sin embargo, habrá gente muy ocupada, sin tiempo libre para la banalidad, la dependencia o el resentimiento.

ॐ

Khalil Gibrán (1883-1931), el artista libanés, escribió:

Cuando trabajas eres como una flauta a través de cuyo corazón el susurro de las horas se convierte en música... ¿Y qué es trabajar con amor?

Es tejer una tela con hilos sacados de tu corazón, como si tu amada fuese a vestirse con esa tela.

Es levantar una casa con cariño, como si con vuestra amada fuesen a vivir en ella.

Es sembrar con alegría y cosechar con ternura, como si con tu amada fueran a gozar del fruto.

Es infundir en todas las cosas que haces el aliento de tu propio espíritu. El trabajo es amor hecho visible. Porque si horneas el pan con in-

diferencia, estás haciendo una masa amarga
que no alcanza para mitigar el hambre.

Poner vida al trabajo es ganarse a sí mismo, sin perder sensibilidad.

El lado humano
de la empresa

Una empresa es la gente que trabaja en ella. En climas de miedo laboral, abundan los chismes y la falta de cooperación. Donde hay abusos de poder provenientes de la alta conducción es imposible lograr una comunicación fluida, transparente y, por ende, productiva.

Es del conocimiento de todos que importan mucho los resultados económicos.

En cambio, no es del saber común que también es fundamental el proceso humano para lograr esos rendimientos.

Sin embargo, casi toda la formación recibida para trabajar en las organizaciones es técnica, especializada. Por lo tanto, es prioritario desarrollar habilidades sociales de conducción que fortalezcan los procesos humanos de producción, con estímulos de integración y excelencia.

No es posible compatibilizar metodologías cibernéticas de última generación, con niveles de mando medievales. Las contradicciones generan un costo material y humano inaceptable. Es inagotable el anecdotario de humillaciones, ofensas y marginaciones que provocan malos jefes.

Cierto es que mucha gente sufre por falta de empleo, lo que es socialmente lamentable, desde todas las perspectivas; y otros se agobian inútilmente por las penosas relaciones interpersonales del cargo diario, hecho elocuente de observación rutinaria. "Empleo" en un diccionario de sinónimos equivale a "ministerio", es decir, sede tradicional de "chupópteros".

En realidad no es trabajo lo que falta. No abunda la buena ocupación. Hay muchos "oficios en nada" y otros están desocupados en un país lleno de posibilidades productivas; en todo un planeta carente de protagonismo creativo.

Las señales de un mal ambiente laboral son sutiles, aunque no escapan a un observador atento.

Tal como la gente convive dentro de la organización, así, seguramente, trata a los clientes, con consecuencias muy peligrosas, el derrumbe personal y de la empresa. Las fuerzas expulsivas son tan implacables como las magnéticas; las primeras destruyen moralmente, las segundas crean usinas confortables de bienestar y de prosperidad. Hay que saber elegir.

Algunas recomendaciones pueden ser de utilidad:

- Busque el toque personal. Un buen lugar, para consagrar los mejores años de su vida, es aquel en que no sólo se ve al trabajador como un empleado, sino como a una persona con una vida fuera de la oficina.

- Si durante una entrevista de selección siente que lo están tratando como a una pieza intercambiable, busque otros horizontes. No acepte que lo maltraten tempranamente.

- Evalúe a sus entrevistadores. Si todos le hacen las mismas preguntas seguramente le anuncian una cultura rígida e intolerante.

- Si observa una intromisión directa sobre su vida personal, hábitos sexuales, planes de embarazo, seguramente no es la mejor señal.

※

En cierta compañía muy publicitada se buscaba un gerente con altísimo poder creativo. Cuando el aspirante completó el formulario inicial, fue abruptamente rechazado.

La psicóloga leyó, con pavor, las respuestas "transgresoras" del joven candidato:

Sexo: "Todo lo posible".

¿Toma alcohol en alguna de sus formas?: "Solamente en forma líquida".

¿Por qué motivo contestó a nuestro aviso?: "Descubierto bancario".

※

Alguien, en cambio, se sintió dignificado cuando el jefe se acercó, solícito, y le dijo: "González, deje todo, vaya a su casa que lo necesitan".

El jefe había percibido, en el rostro del empleado, la preocupación por el padre enfermo.

¿Existe el verdadero amor?

Parecería que nuestra vida de relaciones está signada por el desencuentro. Una y otra vez solemos caer en ese abismo social de la soledad, el desencanto, el sentimiento doloroso de "rama caída", de desaliento y quiebra personal.

Es entonces cuando el abandono parece ser el estado propio de toda condición humana y las cavilaciones reiteran una pregunta recurrente: "¿Existe el verdadero amor?".

Solamente el fuego creador del amor es capaz de brindar esa elevación de plenitud, unidad y compañía, que borra definitivamente toda cicatriz de dolor. Todo atisbo de sufrimiento inútil.

He recibido un mensaje anónimo que responde esta pregunta con seguridad garantida. Para que la solución feliz aparezca es indispensable receptividad, solamente con ella se puede recibir alegremente la sanación pedida.

Al doloroso cuestionamiento, ¿existe el verdadero amor?, una voz interna, compasiva y serena, siempre presente, de lealtad neta, contesta:

¡Sí! Búscalo, no te consueles con cualquiera, vales mucho y mereces ser feliz...

No abandones la esperanza. Dios te tiene lo que siempre has soñado, no renuncies a tus ideales, a tus sueños. ¿Que no hay tiempo? ¿Que ya no estás en edad? Nunca es tarde, que no te pase que por querer correr igual que los demás, nunca llegues a tu meta y sufras más por no haber sabido esperar a que llegara la persona indicada, ese ser que te hará crecer como persona, con el que vas a formar una bonita familia, que te comprende y que te da la paz y la tranquilidad que todos necesitamos.

Porque cuando una persona no te brinda eso ahora, nunca lo hará y quizá cuando te des cuenta de ello será demasiado tarde y tal vez no sólo sufras tú, sino tus hijos también, piensa en ello. Tus hijos merecen ser felices.

Recuerda que no todas las flores crecen al mismo tiempo y una rosa no es más bella si crece antes y es la más grande.

Espera tu tiempo... llegará ese momento.

Dios te dará la fe, esperanza y fuerzas para seguir adelante cuando sientas que ya nada te importa.

Nunca dejes de creer en ti. Si alguien no cree en ti, Dios sí, y no quiere que te adelantes a sus planes por desesperarte.

Nunca desfallezcas y continúa tu búsqueda. Mientras creas que puedes lograrlo, tendrás las fuerzas para intentarlo y lo encontrarás, ten fe, Dios no te va a fallar y lo hallarás. No sientas que has perdido, cuando tus planes y sueños no alcanzan a cumplir tus anhelos; no desfallezcas y sigue buscando. Cada vez que aprendes algo nuevo sobre ti o sobre la vida, has avanzado.

No hagas nada que disminuya tu propio respeto. El estar satisfecho con uno mismo es esencial para estar satisfecho con la vida, no te consueles con un amor a medias, busca un amor completo, que te haga sentir pleno.

Dios no te va a fallar, sólo tienes que tomar la decisión correcta, tú sabes cuál es, arriésgate y busca el amor de una buena persona, ella también te está buscando.

⟫

Ricardo, cincuentón, estableció un contacto fluido por teléfono con una ocasional interlocutora. Después de meses decidieron encontrarse. Él preguntó:

—¿Cómo me daré cuenta de que es usted?

—Llevaré una hermosa rosa roja sobre mi suéter.

El hombre llegó antes a la cita, nervioso, rogando a Dios que fuera bella y joven. De pronto, vio acercarse directamente a él a una mujer extraordinariamente hermosa, pero no llevaba la rosa cómplice. Unos metros atrás observó a una señora mayor con la flor indicada notablemente exhibida. Un frío de decepción corrió por su cuerpo; sin embargo, se acercó a ella respetuosamente y le dijo:

—Yo soy Ricardo, es un gusto conocerla, pero quisiera confesarle que la había imaginado con otros rasgos.

La mujer respondió:

—No entiendo nada de lo que usted me habla. —Y aclaró—: Si me distingue por la flor que luzco debo decirle que no es mía. Me la entregó la señorita que pasó delante suyo hace unos minutos y me dijo: "Lleve usted esta rosa. Si un señor se acerca a hablarle respetuosamente, dígale, por favor, que lo espero en la confitería de la esquina". Ella no querría profundizar una relación con alguien que sólo repare en la belleza externa.

ᔐ

El mejor regalo que podemos hacer al ser amado es nuestra propia realización personal, la calidad de vida que nos permitimos vivir, abundantemente, en nosotros mismos. Es una profundización de la sensibilidad.

No se trata de convocar con la queja a alguien para llorar a dúo. El amor, como la alegría, no pierde tiempo en lamentos. No desaprovecha cada oportunidad.

La partida de ajedrez

En esos meses de 1957, los diarios no hablaban de otra cosa más que del crimen político del doctor Marcos Satanowsky*, ocurrido en Buenos Aires. Las noticias confusas llegaron hasta mi escuela, en el paraje denominado Cañadón Chileno, en Río Negro, a ciento ochenta kilómetros de Bariloche, donde funcionaba el establecimiento "de personal único en zona muy desfavorable". Allí era director, maestro, administrativo y portero, sin radio ni noticieros de televisión. Fue también por esos tiempos cuando llegó a visitarme el curandero de la zona, que estaba de gira.

Era un hombre alto, imponente, seguro, con barba, un tanto descuidado en su ropa. Al verlo, dije bajito: "El doctor Satanowsky". Venía precedido de una gran reputación, era famoso

---

* Marcos Satanowsky, abogado influyente, nació en Bahía Blanca el 13 de marzo de 1893, fue asesinado en su despacho, en Buenos Aires, el 13 de junio de 1957.

por sus sanaciones con pinceladas de querosén y otras tecnologías primitivas que él dominaba con absoluta idoneidad.

Con voz grave me dijo:

—Mis respetos, maestro. Necesito un gran favor para atender a mis pacientes, que son muchos, ¿puede prestarme el aula?

Cañadón Chileno era entonces sumamente inhóspito y las condiciones edilicias eran mínimas. El aula era el lugar más importante de la casita de adobe y chapa de cinc; no la podía prestar, era un riesgo, pero tampoco podía negarme porque Satanowsky era un personaje esperado por los pobladores.

Después de una larga charla, convine en prestarle una pequeña pieza que servía de depósito, a continuación del edificio estrictamente escolar, lo que agradeció y utilizó durante quince días.

Uno de mis pasatiempos más divertidos entonces era jugar al ajedrez, y solía reconstruir partidas en un hermoso tablero con grandes piezas de madera.

En cierta ocasión, el doctor Satanowsky se acercó y observó atentamente la jugada que realizaba, por lo que me permití invitarlo a una partida, en la seguridad de que conocía los secretos del juego. El curandero me respondió:

—No muestro mis habilidades porque sí. Si usted quiere jugar conmigo debe apostar primero cinco mil pesos.

Esa suma para mí era inaccesible, equivalía a un semestre de mi sueldo. Le respondí:

—No dispongo de ese dinero, es mucho para mí.

—Si usted quiere jugar conmigo, coloque cinco mil pesos.

El diálogo era sumamente exótico en ese paisaje agreste, solitario, abandonado de la civilización.

—Una partidita simple, doctor, como para pasar el rato.

—Si usted quiere jugar conmigo, coloque cinco mil pesos.

Cierta mañana dominguera, estaba yo solo, preparado para reconstruir una partida del maestro José Raúl Capablanca, cuando el doctor Satanowsky, a lo mejor excepcionalmente aburrido, se sentó frente al tablero ordenado. Nos quedamos en silencio varios minutos. De pronto, le sugerí con firmeza:

—Juegue usted, empiezan las blancas.

El doctor Satanowsky miró atentamente el juego, levantó una torre... y la colocó en el medio. Quedé atónito, pero no dije nada; reflexioné un rato, moví el rey y lo puse al lado.

Así estuvimos jugando dos horas en silencio, realizando los más absurdos movimientos posibles, en el pasivo tablero. Cansado, le advertí:

—Jaque mate, doctor, perdió. Creí que sabía más de ajedrez y que me iba a ganar.

Satanowsky me miró profundamente, con esos ojos sin tiempo ni emoción, y me dijo:

—Maestro, ¿usted quiere jugar al ajedrez conmigo? ¡Coloque cinco mil pesos...!

Y como carezco de la intuición de Filomena Cayún, cacique Mapuche, nunca pude averiguar si sabía jugar. Me inclino a pensar que no, que era un ignorante total, pero qué osadía.

¿Cómo no iba a curar a los paisanos con esa seguridad?

El doctor Satanowsky inspiraba confianza, negaba el mal, abría esperanzas de curación, no ya por cinco mil pesos, sino por medio chivito o una damajuana de vino.

¡Pobre Capablanca!

El arte de sufrir inútilmente

Que el humor no nos abandone en este tránsito de milenios. Que la autoironía, el juego espontáneo con uno mismo, abunde en nuestras relaciones presentes y futuras, eliminando la solemnidad con la que escondemos las pequeñas o grandes inseguridades personales, siempre molestas.

Que el poder de lo simple y del amor nos libere de la baja energía del desaliento, del negativismo y de la suspicacia, tan frecuentes como vanas.

Esto puede vivirse nostálgicamente o con gran alegría. La semilla debe morir para dar su fruto: el bosque.

Puedo sumar o restar instantes en mi vida. Ello descansa en una simple actitud mental y emotiva.

Cada receptor es activo, constructor, en alguna medida, del mensaje que interpreta.

Por lo tanto, no es el cartero ni la carta llegada lo que define la situación, sino el valor que le otorgamos a lo que recibimos.

No es la cantidad de alimento que el organismo ingiere lo que alimenta, sino los nutrientes seleccionados, que el cuerpo absorbe a través del intestino y de los procesos propios del metabolismo.

No alcanza la definición clásica de "soy yo y mi circunstancia", sino "soy yo, mi circunstancia y la calidad de respuesta que doy en cada situación...".

Existe en todo límite un valioso margen de maniobras, de alternativas creativas. Ellas brotan del ejercicio de la libertad y también de la excelencia, o no, de cada conducta.

En cualquier ambiente donde se actúa sin alegría, se están haciendo mal las cosas.

Existe un pequeño movimiento interno, una actitud ante los resultados, que pone en tecnicolor, o no, toda la realidad.

Es posible una postura mental positiva, segura, que transforma las derrotas en victorias, y las limitaciones en posibilidades creativas, tan indispensables como infrecuentes.

El *arte de sufrir inútilmente* es un mensaje de humor y autoironía, condición expresiva que no le quita profundidad ni pertinencia.

No queremos sufrir más, buscamos en la vida seguridad total, permanencia en lo conocido, tememos envejecer y... por miedo a sufrir calamidades futuras, ilusorias, pagamos en el presente, al contado, con sufrimiento real, pero inútil, tragedias que están instaladas en nuestra imaginación.

Ver el dragón en la pantalla no implica que éste exista en la realidad.

Solamente una mente fortalecida puede lograr respuestas simples, armoniosas y superadoras de los conflictos.

Para ello es fundamental: sentido espiritual de vida, valores de elevación, integridad y simpleza.

En el próximo milenio la ciencia, religión del nuevo tiempo, descubrirá:

- la existencia del alma;
- la continuidad de la conciencia más allá del episodio corporal;
- la existencia de inteligencia superior extraterrestre;
- la quinta dimensión: el amor. Será un hecho manifiesto luminoso, impregnante, propio de la mágica unidad de la vida.

Muy pocos cultivarán el arte de sufrir inútilmente. Tendremos a nuestra disposición generosas opciones de vida más abundante, digna, altruista y esencialmente alegre.

La más osada imaginación humana, actualmente, no puede concebir las maravillosas realidades que vendrán.

Disponemos de un milenio para construir el mundo humano que nos merecemos. La calidad poderosa de nuestros anhelos y las respuestas creativas y solidarias que nos permitamos asumir serán siempre fundamentales.

A nadie se le regala un Paraíso que no haya osado construir, aunque más no sea con sus sueños.

Aprendiendo a ver

¿Por qué te quejas de ver enemigos?
¿Deberían hacerse amigos tuyos
aquellos para quienes el ser como tú eres
es un eterno reproche en silencio?
GOETHE

Cuentan que en la carpintería hubo una extraña asamblea. Fue una reunión de herramientas para arreglar diferencias. El martillo ejerció la presidencia, pero la asamblea le notificó que tenía que renunciar. Se pasaba el tiempo haciendo ruidos.

El martillo aceptó la culpa, pero pidió que fuera expulsado el tornillo, argumentando que había que darle demasiadas vueltas para que sirviera.

El tornillo aceptó el ataque, pero exigió la expulsión de la lija. Señaló que era áspera en su trato y tenía fricciones con los demás.

Y la lija estuvo de acuerdo, pero exigió que fuera expulsado el metro, que siempre se la pasaba midiendo a los demás como si fuera el único perfecto.

En eso entró el carpintero, se puso su delantal e inició la tarea.

Utilizó el martillo, la lija, el metro y el tornillo. Finalmente, la tosca madera se convirtió en un hermoso mueble.

Cuando la carpintería quedó nuevamente sola, la asamblea reanudó la deliberación. Fue entonces cuando el serrucho dijo:

—Señores, ha quedado demostrado que tenemos defectos, pero el carpintero trabaja con nuestras cualidades. Eso nos hace valiosos. Así que no pensemos en nuestras fallas y concentrémonos en la utilidad de nuestros méritos.

La asamblea pudo ver entonces que el martillo es fuerte, el tornillo une, la lija pule asperezas, el metro es preciso y el serrucho, indispensable.

Se vieron como un equipo capaz de producir muebles de calidad.

Esta nueva mirada los hizo sentir orgullosos de sus fortalezas y de trabajar juntos.

ঽ

Dos hombres, gravemente enfermos, ocupaban la misma habitación de un hospital.

Uno podía sentarse un rato a la mañana a fin de eliminar los fluidos de sus pulmones. Su cama estaba ubicada al lado de la ventana.

El otro pasaba sus días acostado, boca abajo.

Hablaban, durante horas, de sus esposas, familias, casas, empleos, aventuras en el servicio militar y lugares de vacaciones.

Y cuando el hombre cercano a la ventana podía sentarse, describía a su compañero todo lo que ocurría afuera.

El paciente inmóvil podía así vivir momentos atractivos de un mundo ampliado perceptivamente.

Desde la habitación, la vista daba a un parque con un hermoso lago. Los patos y los cisnes jugaban en el agua, mientras que los niños hacían navegar sus barcos en miniatura.

Jóvenes enamorados paseaban enlazados entre las flores de todos los colores del arco iris.

Grandes árboles decoraban el paisaje y una magnífica vista de la ciudad se percibía en el horizonte. Mientras que el narrador, cerca de la ventana, describía todo con detalles, el escucha cerraba los ojos e imaginaba la escena.

Una mañana el hombre de la ventana describió un desfile que pasaba por enfrente. El hombre tumbado no alcanzaba a oír la orquesta, podía sin embargo verla con el ojo de su imaginación, por la descripción poética y precisa que le regalaba su amigo.

Por la tarde, la enfermera llegó para traer el agua de los lavabos y descubrió el cuerpo sin vida del paciente locuaz instalado cerca de la ventana. Sus historias se habían apagado de manera apacible.

Entristecida, pidió ayuda para retirar el cuerpo difunto.

Fue entonces cuando el enfermo restante sintió que era el momento propicio para pedir que lo ubicaran al lado de la ventana.

La enfermera se alegró de poder complacerlo y, después de asegurarse de que estaba confortablemente instalado, lo dejó solo.

Lentamente, y con tristeza por la pérdida del compañero, se alzó esforzadamente para poder ver con sus propios ojos, y tener la alegría de mirar por sí mismo lo que su amigo ausente sabía describirle generosamente.

Sin embargo, ¡sólo había una pared húmeda!

—¿Por qué me ha contado tantas maravillas si no hay nada? —preguntó a la enfermera.

—Puede ser que haya querido darle ánimo. Él era ciego.

La pena comentada es la mitad del dolor. La alegría compartida, es doble.

El hoy es un regalo, se llama Presente.

La sensibilidad ayuda a ver incluso a través de los muros.*

* Samuel Beckett (1906-1989), Premio Nobel de Literatura en 1969, producía mirando una pared lisa, blanca, nada inspiradora... "No sé por qué lo hago. Algo me pasa. Observo la pared y comienzo a escribir", manifestó a *The Paris Review*, en 1981, el famoso autor de *Esperando a Godot*.

Tener presente...

■ ■ ■ que cuando tropiezas, ahí mismo está tu tesoro. Si podemos aprender de nuestros errores, la vida toma una intensidad prodigiosa. El fracaso no impide el éxito, solamente lo difiere. Importa, sí, la voluntad de superarlo con más conciencia de las dificultades, y también de los recursos disponibles.

๛

...que más allá del mundo de enfrentamientos y opuestos existe unidad en todo. La separación visible es secundaria, superficial. El planeta es nuestra única casa; el sistema solar, el barrio grande. La compasión nos visita cuando superamos los pares de opuestos.

๛

...que si amas lo espiritual no puedes despreciar lo terreno. Mas donde uno esconde su riqueza, allí mismo guarda su corazón. No plantes las raíces del árbol de la felicidad en la arena. Estás en el mundo, pero tu esencia no es del mundo.

༄

...que si copias el camino de otro no podrás realizar tu propio potencial. Cada uno es maravillosamente distinto. Ni una impresión dactilar se repite. No hay dos tréboles exactamente iguales. Por lo tanto, todos debemos expresar nuestro estilo particular de ser. Hay belleza en eso, en cambio, ninguna gracia existe en ser serio en serie. Nada hay más saludable que reírse con otros.

༄

...que nada es excitante si sabes cuál será el resultado. Es muy importante el asombro, la capacidad de descubrir, de mirar la realidad con los ojos de un niño ante un regalo todavía envuelto. La vida nos obsequia diariamente sorpresas maravillosas, nos falta, muchas veces, la habilidad de maravillarnos, de jugar a las escondidas con la vida. Nunca, jamás, existió antes este momento; navega el ahora.

༄

...que nada es seguro si se obedece al llamado de la aventura. El barco en el puerto está resguardado, pero no navega. Por eso a los fondeaderos, el lugar donde se protegen las embarcaciones, se los llama "muertos"; mejor temporal que parado vitalicio.

✧

...que negarse al dolor y a la ferocidad de la vida es renunciar a ella. Con el nacimiento comenzamos a morir. Todo objeto tiene su sombra. El pimpollo abre su belleza aterciopelada para que la rosa sea, y en cada movimiento hacia su plenitud declina gradualmente, por fatalismo vegetal, su belleza inicial. La percepción ordinaria de la rutina fragmenta los hechos. No puede captar la totalidad de la danza cósmica, la forma extraordinaria que utiliza la vida para orquestar, en una sinfonía imponente, a todos los pequeños instrumentos de expresión musical, aparentemente aislados, que componen su unidad. Con la perfección nada puede hacerse.

✧

...que no podemos curar al mundo de penas, pero sí vivir en alegría. Cuando queremos arreglar los problemas del universo estamos descortezando el árbol que no corresponde. A lo sumo podríamos animarnos a enderezar nuestras existencias. El sentido de la vida es el que uno le da.

✧

...que si la semilla no muere no hay planta. Todo cambio implica una poda, una ruptura, un nacimiento y una despedida. Es decir, la oportunidad brota del núcleo de la crisis. Hay que refundarse para no refundirse.

꙳

...que hay instantes perlas, días perlas, encuentros perlas, vínculos perlas. Saber encontrar lo que vale es el secreto del arte de navegar por la vida. Hay que aprender a zambullirse en las profundidades porque no flotan. El mar no regala porque sí sus joyas.

Lenguaje de guerra

Existió en el siglo VI antes de Cristo un personaje legendario conocido como Sun Tzu. Escribió para su emperador los trece capítulos de un breve libro que sobrevivió a su poderío: *Ping Fa* o *El arte de la guerra*, una obra que tuvo una vasta circulación en todo el mundo y hasta fue promocionada por Michael Douglas en el conocido film *Wall Street*.

El libro llama al combate y despierta urgentes demandas; porque, quien más quien menos, todos tenemos alguna contienda de la que quisiéramos salir ganadores crónicos. Nadie quiere perder ninguna pulseada de fuerzas.

Pero Sun Tzu dice:

El primer combate es interno. Si no te conoces a ti mismo y a tu adversario, siempre obtendrás derrotas.

Y agrega:

No es bueno el comandante que logra cien victorias en cien combates. Es excelente el jefe que sale triunfador sin haber ingresado nunca en el campo de batalla.

¿Cómo es posible ganar sin pelear? Aquí está la sabiduría de Sun Tzu. La guerra es mala, mentirosa, cruel, costosa: quien conoce su naturaleza evita todo choque con el adversario.

Indudablemente, *El arte de la guerra* puede transformarse, por lectura creativa, en una verdadera ciencia de los límites; esto es, en un desarrollo de la más importante de las habilidades sociales, el arte de la paz.

Nada puede superar la necesidad planetaria de aprender a convivir, la urgencia de desarrollar una mentalidad solidaria del tipo *ganar-ganar,* donde dos posiciones enfrentadas se elevan pacíficamente a un proyecto de beneficio compartido. No existe otra tarea educativa más imperiosa que la de fomentar en la sociedad una percepción positiva de los conflictos, como oportunidades reales de crecimiento.

La paz no brota de un contrato formal, de un mero armisticio. Es la única respuesta espontánea que surge del estado creativo, magnético, de una mente en armonía interna. No puede nacer de una oratoria estratégica para aplastar o manipular a alguien; aunque sea una orden de los accionistas.

El drama humano, a través de siglos de evolución, muestra la conducta recurrente: "El agresor espera agresión", "esta guerra es santa"; "haremos esta guerra para que no se repita nunca más la guerra anterior"; "¡ay de los vencidos...!"; "¡al enemigo, ni justicia!"; "si entras en combate un gran reino caerá".

El hombre no está preparado para el manejo de alternativas no bélicas. No aparecen todavía respuestas sociales creativas ante el manejo de los conflictos. Faltan nuevos líderes. Dirigentes capaces de encontrar el punto de armonía, idóneos para transitar por el filo de la navaja de los enfrentamientos polarizados para hallar el beneficio del conjunto.

"Vuelve tu espada a su lugar; porque todos los que matan a espada, a espada perecerán." Es más fácil morir y matar en un escenario cruel que animarse a desatar los condicionamientos mentales de siglos que nos mantienen ligados al sufrimiento inútil. Para muchos, el éxito a cualquier precio no es lo mejor, "es lo único en la vida"; "lo importante es competir", juego rígido donde alguien debe perder para que otro pueda sentirse más valioso.

El éxito es la salida para un nuevo enfrentamiento, búsqueda permanente de intensidad a través de trofeos y medallas, aunque eso signifique el sacrificio de vidas y de oportunidades, mucho más importantes que los bronces y satisfacciones que se acumulan en vitrinas o cementerios.

El nuevo líder despierta hambre de elevación en sus seguidores, no busca satisfacciones para el pequeño yo imperial. Propone calidad de horizontes, excelencia de vida, desarrollo de grupos e instituciones, comunidades y regiones en términos de bienestar y realizaciones compartidas para el bien altruista del conjunto.

El nuevo líder conoce el arte de la guerra para no combatir nunca, para promover la paz que permita crecer, producir y compartir. Entabla el combate a la corrupción, a la desocupación, a la improductividad, al subdesarrollo, a los prejuicios, allí donde aparezcan en la propia comunidad, partido político o escuela de combate. El enemigo está en nuestro interior. Y se necesitan nuevos líderes para ese combate primero y último.

Cuenta la historia que cuando el famoso Epaminondas fue degradado del ejército y encargado de la limpieza de Tebas por haber perdido una batalla, nunca la ciudad estuvo tan limpia.

Confieso que el best-séller *El arte de la guerra,* de Sun Tzu, me preocupa y siento compasión por el sufrimiento del hombre vigente en siglos de combates fratricidas, que se repiten por todo el planeta. Tan crueles como inútiles. Y costosos. Sin ninguna sensibilidad.

Aguas arriba,
aguas abajo

E l Principito indica humildemente con su lenguaje inaugural que "lo esencial es invisible a los ojos". Algo así como que la vida esconde sus secretos más valiosos y recónditos poniéndolos delante de nuestra vista.

Por lo tanto, la dificultad mayor que tenemos los humanos, no los ángeles ni los dioses, es hacer consciente lo obvio. Es darnos cuenta, percibir lo permanente en lo fugaz.

No podemos aguardar luz de la oscuridad; dar lo que no se tiene, transformar sin transformarse, esperar alguna innovación de más de lo mismo.

Durante un congreso de científicos que analizó por qué los diamantes se consideran las piedras preciosas más valoradas del mundo, se llegó a la conclusión de que los diamantes son excelsos porque constituyen la única realidad objetiva del planeta que ofrece la sensación de lo eterno. Muestran elocuentemente la cara de la eternidad en la multitud de rostros transitorios, brevísimos, irremediablemente contingentes.

Hacer consciente lo obvio es una verdadera revolución mental; navegamos por el universo a velocidades inimaginables y tenemos la sensación de estar quietos, sin advertir que millones de células mueren en nuestro cuerpo por minuto.

El maestro de la estrategia militar china, Sun Tzu, autor de *El arte de la guerra*, escrito hace dos mil quinientos años, expresa que si el aguatero se toma a escondidas el agua de la tropa, es evidente que ese ejército ya está perdido.

Si las aguas que llegan de la montaña están contaminadas, no hay que buscar el daño en el remanso, abajo, sino que es indispensable localizar la putrefacción aguas arriba. Es obvio.

El mal está en la raíz, no en el tallo seco. Los grandes centros nerviosos manejan las decisiones, no la médula. Hay que ir aguas arriba.

Si las aguas bajan turbias, es esencial remontar a las fuentes, invisibles a los ojos. La podredumbre viene de arriba, no se genera en el remanso, los campesinos lo saben. Hay que ir aguas arriba.

～

El aguatero trabajó fuerte día tras día. Con dos grandes vasijas colgadas en los extremos de un palo, que llevaba encima de los hombros, hacía su recorrido pacientemente. Una de las vasijas tenía grietas. Mientras que la otra conservaba su contenido hasta el final, desde el arroyo hasta la casa de su patrón, la vasija rota cuando llegaba sólo tenía la mitad del agua.

La vasija sana estaba muy orgullosa de sus logros, se sabía perfecta para lo que había sido creada. La vasija con fallas, en cambio, estaba avergonzada de su imperfección. Se sentía mal porque sólo podía hacer la mitad de lo que era su obligación.

Después de un tiempo la tinaja quebrada le habló al aguatero:

—Estoy avergonzada y me quiero disculpar porque debido a mis grietas sólo entrego la mitad de mi carga y obtienes la mitad del valor que deberías recibir.

El aguatero respondió compasivamente:

—Cuando regresemos a casa te mostraré algo que desconoces.

A lo largo del camino vio muchísimas flores. Pero de todos modos se sintió apenada porque al final, sólo quedaba dentro de sí la mitad del agua que debía llevar.

El aguatero le dijo entonces:

—¿Te diste cuenta de que las flores sólo crecen de tu lado? Siempre he sabido de tus grietas y quise sacar el lado positivo de ellas. Sembré semillas de flores a todo lo largo del camino por donde vas y todos los días las has regado y por años he podido recoger flores para decorar el altar de mi Maestro. Si no fueras exactamente como eres, no hubiera sido posible crear esta belleza.

Todos somos vasijas con fisuras. Existe la posibilidad de aprovechar nuestras limitaciones para obtener resultados positivos, sin culpa, desvalorización ni lamento.

Caminar

Una ciudad es hermosa si se deja caminar, si permite pensar por sus calles sin apuro, como quien abre despaciosamente un regalo sorpresivo.

La belleza de una caminata radica en la tranquilidad de su marcha, la despaciosidad con la que los transeúntes pueden deslizarse por los vericuetos ciudadanos sin ansiedad de fin, de llegada sobresaltada.

Es entonces cuando los movimientos minuciosos están consagrados con el momento que se vive, diurno o vespertino, solitario o acompañado, con la serenidad que tienen esos instantes gratificantes y descubridores, esos espacios de libertad que a veces nos permitimos para gozar del sol, las nubes, la luna, la lluvia o las estrellas.

Una ciudad es acogedora si no agobia con su tránsito congestionado, ruidoso, atropellado. Si no atemoriza con violencia, arrebatos, gritos descorteses. Si no humilla con mendigos, niños famélicos o personas abandonadas.

La amenaza del tránsito descontrolado, veloz

y contundente como un rayo exterminador, hace que todo cruce, peaje, espera o carrera sean una amenaza tensionante, una rápida visita al infierno.

Peatón significa soldado de a pie, hombre indefenso, sin casco protector, ni caballeriza de apoyo, ni motor anexado de protección, aunque pague impuestos a Vialidad. Las aceras rotas y los pozos amenazan por doquier.

Según dicen los buenos médicos, no existe una gimnasia más recomendable, completa y benéfica que caminar unas cincuenta cuadras diarias, con ropa adecuada, sin corazas, rodilleras ni botiquines portátiles.

Ni el valeroso Juan de Garay se animaría a cruzar la avenida que lleva su nombre a la altura de Ingeniero Huergo, para llegar al río, acceso protegido únicamente por semáforos que son incapaces de contener el aluvión de camiones, ómnibus y automóviles desesperados de autopistas.

La avenida 9 de Julio, la "más ancha del mundo", no puede ser cruzada a paso de hombre de una sola intención. Para ello hay que correr gozando de un óptimo estado físico, aventura ciudadana prohibida para gerontes, artríticos, cardíacos y distraídos.

Buenos Aires cobra, diariamente, el peaje más caro del mundo para circular: mata. Se transforma en la Ciudad Gótica, diseñada para desplazarse por el aire como Batman.

Aristóteles hablaba caminando con sus discípulos, era peripatético, es decir, enseñaba a aprender en movimiento, sin esfuerzo.

Una ciudad es querible por la calidad de sus caminatas, porque en ella se puede alegremente vivir, no sobrevivir; moverse, no tristemente agitarse; dialogar, no aturdirse.

Caminar distendidamente, solo o bien acompañado, debería figurar entre los Derechos Humanos. ¿Lo sabrán los políticos, vecinos, turistas y conductores?

Baño matinal

Había un rey tan haragán que mandaba a su sirviente a que se bañase por él. Con lealtad y eficiencia, sumisa y rutinariamente, el portavoz cumplía el deseo real.

Pero el aire del palacio se hacía cada vez más irrespirable. Los ministros, temerosos de contradecir la santa negligencia de la corona, decidían reclutar y formar más bañistas voluntarios. Pero la hediondez implacable seguía haciendo lo único que sabía: propagarse, impregnar, advertir.

Los asesores sugerían mejorar la calidad de los jabones, el horario de los baños, las gotas de cloro...

Algunas empresas son como reinados muy complejos. En esas organizaciones y jerarquías, el olor a miedo suele impedir que la gente produzca con creatividad, dificulta generar nuevos negocios, incrementar réditos y beneficios, crecer humanamente.

No se animan a modificar hábitos de higiene, insisten en formas recurrentes, inútiles pero conocidas, sin la capacidad de convertir una vida de trabajo en un trabajo de vida.

Al cambiar el oxígeno por rentabilidad se llenan de explicaciones para justificar "más de lo mismo", y pierden el negocio fino de aprender a bailar con los conflictos, sin transpiración.

El conflicto es un componente natural de la vida misma: un ingrediente dinámico de la interacción personal y grupal. Es la presencia del límite, un perfume neto que llama a la sustancia reticular del sistema empresario para no seguir funcionando de la misma manera; para inaugurar ahora nuevos carriles, para despertar innovaciones imprescindibles. No para tirar la basura debajo del felpudo.

El dinero no tiene olor, argumentan algunos enamorados de la caja, mientras buscan limpiar ingresos inconfesables.

El baño creativo diario, matinal, es recomendable. Intransferible. Nos ayuda a investigar por qué actuamos como actuamos en cada uno de nuestros pequeños reinados. A conocer y canalizar el increíble poder de una rutina vitalizante. Como la del sano baño matinal.

No alcanza un seminario de diez horas de duración para luego no comunicarse más. Como no sirve bañarse diez horas seguidas para no hacerlo durante todo el año.

existió un gato de notable vitalidad que nació muy dotado sexualmente. *Todas las noches, sin excepción, solía subir al* tejado y desde allí convocaba a la población gatuna para una actividad intensa, ruidosa y, por supuesto, molesta para los vecinos.

Los aldeanos estaban enojados con este animal tan potente. No podían dormir por el concierto de maullidos y otras proezas inoportunas y recurrentes del expansivo felino. De común acuerdo, decidieron contratar al veterinario para que sometiera al bello y molesto animal a una operación inhabilitante: lo castraron.

Esa noche, los amigos del silencio y del buen sueño se dispusieron a disfrutar de su ansiado descanso. Pero todo fue inútil. El gato, como de costumbre, subió al techo y comenzó con los frenéticos maullidos, prontamente acompañados por el entusiasta gaterío aledaño. Llamaron de inmediato al cirujano y lo despertaron para que practicase de inmediato una evaluación de la extirpación realizada.

El profesional subió al tejado, localizó al ga-
to operado, lo examinó y, exhausto, volvió con el
diagnóstico: "La operación es perfecta, pero aho-
ra es consultor...".

El gato había perdido capacidad de práctica,
de resolución, pero explicaba con detalles "cómo
hay que hacer" a sus semejantes interesados.

Estamos rodeados de gatos consultores.
Abundan por doquier, sólo saben decirnos qué
debemos hacer, pero no dominan los secretos de
la actividad y explican, asesoran, dan bibliografía.

Es importante hablar con lo que hacemos.
Que nuestros hechos demuestren lo que queremos para los otros.

Salvando todas las distancias de la singular
anécdota, se trata de descubrir si uno es gato o
consultor. Y también conocer con quiénes nos
rodeamos. Es muy mezquino y descarado explicar a cualquiera "cómo hay que hacer" y quedarse en el discurso. Sobran ejemplos. Falta humor
y solvencia.

Pedidos

Conrado Nalé Roxlo pedía lo imprevisto: "Señor, nunca me des lo que te pida. Me encanta lo imprevisto, lo que baja de tus rubias estrellas, que la vida me presente de golpe la baraja contra la que he de jugar, quiero el asombro de ir silencioso por mi calle oscura, sentir que me golpean en el hombro, volverme y ver la faz de la aventura. Quiero ignorar en dónde y de qué modo encontraré la muerte. Sorprendida, sepa el alma a la vuelta de un recodo que un paso atrás se le quedó la vida".

En lo imprevisto se conoce a las personas. También en la bolsa, en la copa y en la cólera. De pronto, imprevistamente, la luna llena, la esperanza, el silencio... imprevistamente, la cólera, la amistad, el arco iris... imprevistamente, el miedo, el maestro, la liberación, el sendero, la muerte y la resurrección... imprevistamente, el amor, la ausencia, alta mar, la nieve, una mano, la paz.

Una amiga publicó, de manera destacada y en el diario de mayor circulación, el siguiente pedido:

ATENCIÓN. El domingo 31 de agosto último perdí en la Estación de Constitución, el diario íntimo de mi vida, que incluye desde el 15 de abril de 1975 hasta el 19 de agosto de 1997. En dicho *Diario* figuran mi nombre y dirección, también mi teléfono. Por favor, si alguien lo encuentra... no me lo traiga.

ॐ

Alejandro, magnífico, visitó a Diógenes en su barril. "Pídeme lo que quieras", dijo el poderoso rey. "Te pido", respondió Diógenes, "que te corras pues me estás tapando el sol".

ॐ

El marido exigió a su esposa hacer economía: "Si aprendieses a cocinar podríamos despedir a la mucama...".

La mujer, solícita, contestó con otro pedido: "Si aprendieses a hacer bien el amor, también podríamos echar al jardinero".

ॐ

A una señora le gustó mucho esta historia y se la contó a su marido, como un programa de economías. El marido respondió con otro pedido: "Seguí cursando seminarios de capacitación, así ahorramos en teléfono".

Deseo y conocimiento

El hombre debe enfrentar, en algún momento de su vida, la presencia de dos puertas. Una de ellas se abre al mundo de lo que puede conocerse; es decir, muestra las posibilidades de la mente comprensiva. Cuando esa puerta está abierta, inmediatamente cae sobre el pensamiento una llovizna de todo lo que puede conocerse.

La segunda puerta, cuando se abre, muestra lo que puede desearse, profundamente.

Cuando las dos puertas permiten el paso, ampliamente, el hombre enfrenta todas sus elecciones. De la más lejana, la del conocimiento, fluyen gotas de lluvia que alcanzan a caer sobre el corazón, y con ellas llegan nuevos pensamientos a los corazones de los hombres, nuevas ideas, proyectos y realizaciones, traen belleza a las polvorientas y secas llanuras de la tierra.

Por la puerta del deseo ingresa el aire puro del conocimiento y aquieta los incansables pájaros del apetito voraz. El saber purifica la ambición y pone límites a la codicia. El deseo eleva en la selección, en la búsqueda y logro de lo esencial.

Caemos en la depresión cuando no nos animamos a tomar una decisión sobre nuestra vida, que sabemos es ya indispensable, impostergable. Entonces ingresamos al mundo de la parálisis interna, al cansancio y el hastío total, a la abulia amiga de lo inerte. Nos bloqueamos.

La costumbre de autodespreciarse indica una concentración recurrente, penosa, en el pequeño yo personal, sin ninguna trascendencia. Con los argumentos negativos de siempre ("no se puede hacer nada", "no va a andar", "no hay recursos", "no") el propio cuerpo pierde vitalidad y la mente se autojustifica en cavilaciones. Es cuando uno ni desea ni sabe. El encerramiento se hace total.

Sin embargo, las dos puertas se mantienen siempre tan disponibles como promisorias. El deseo sin conocimiento genera dolor, no está purificado, es una fuerza ciega. El conocimiento sin deseo se cierra en sí mismo, se hace autocomplaciente, no se abre al servicio ni a la compasión, anula la sensibilidad.

Historias breves

Muchas veces conviene mirar la Tierra como un astrónomo y no como un geógrafo. Para el astrónomo todo el planeta es un punto, para el geógrafo se trata de una enorme extensión.

꩜

Dos damas de la corte habían entrado en disputas y se habían llenado de desvergüenzas. Llamaron al duque de Roquelaure, gran mediador, para que pacificara los ánimos.

El duque preguntó:

—¿Se han dicho feas?

—No, señor.

—Entonces, no hay problema alguno, yo me encargo de la reconciliación.

꩜

En una tertulia de vecinos, una señora sostenía que la mujer era mucho más perfecta que el hombre, porque al ser la última obra, Dios había reunido en ella todas las excelencias que faltaban.

—No es del todo así, querida vecina —respondió sonriendo un viejo sacerdote—. Dios es un gran arquitecto y después de concluir un hermoso edificio, lo completó en la cúspide, con la veleta.

ॐ

El tesorero de un famoso banco visitó al médico con una pierna totalmente llagada y sin queja alguna.

El médico al examinarlo le preguntó cómo había podido soportar semejante dolor, en silencio, sin ningún lamento.

El buen hombre respondió:

—Sabe lo que ocurre, doctor. En mi trabajo todos los días me la paso diciéndole a la gente que pide créditos: "no hay", "no hay". Si llegase a gritar "ay", "ay", se agolpa una multitud de pedigüeños y me aplasta.

ॐ

Comenta Quevedo que en una oportunidad, queriendo salvarse de un inoportuno que, sin conocerlo, le enviaba cartas y más cartas de salutación, le respondió:

"Caballero, me he muerto. No podré contestaros más".

Esto no amedrentó al pesado amigo. Al correo siguiente recibió una tanda de cartas similares, cuyos sobres decían:

"A Quevedo, en el otro mundo".

૪

En Irlanda existió una piedra colocada a la orilla de un río, en la cual se había escrito esta advertencia:

"Cuidado. Cuando el agua llegue a cubrir esta piedra es sumamente peligroso vadear el río. No cruce".

૪

En cierta ocasión un inspector de caminos del condado de Kent hizo colocar un pilar con esta inscripción:

"Esta senda conduce a Jeversham, pero si no podéis leer lo que aquí está escrito, haréis mejor en seguir por la carretera".

૪

Se comenta que Alejandro Magno se enteró de que uno de sus soldados había tomado su nombre. Lo llamó y le dijo:

—Así que quieres llevar mi nombre, consiento en ello. Pero recuerda siempre en los combates que te llamas Alejandro.

૪

En la escuela de enfermería, el profesor tomó un examen de sorpresa. Leí la última pregunta, que decía: "¿Cuál es el nombre de la mujer que limpia esta sección?".

Al entregar el cuestionario alguien preguntó si la última pregunta contaría para la nota del examen.

—Absolutamente —dijo el docente—; en su trabajo ustedes conocerán muchas personas. Todas importantes. Merecen su atención y cuidado, aunque sólo les sonrían y digan: ¡Hola! Conozcan su nombre: se llama Ana.

ॐ

Un vendedor terminó su primer día de trabajo en un negocio de artículos varios. Su jefe le preguntó cómo le había ido, a lo que respondió:

—Muy bien, hice una sola venta.

—¿Cómo? ¿Una sola? ¡Pero si el promedio de ventas es de 40 por día!

—Sí, pero fue de trescientos mil dólares...

—¿Trescientos mil dólares? ¿Pero qué ha vendido?

—Bueno, mire... Resulta que primero le vendí a un cliente un anzuelo chiquito, uno más grande y uno de esos todo colorido... Pero le dije que tan buenos anzuelos merecían una caña superior... Así que compró una de grafito con un riel frontal. También adquirió la carnada, y como todo eso no lo iba a llevar en la mano, se llevó una hermosa valija para los artículos de pesca. Como el día estaba medio nublado le dije que no se descuidara de la lluvia, por lo que el hombre compró un par de botas, una campera de lluvia y todo un conjunto impermeable. Nos pusimos a hablar y tampoco tenía linterna, ni radio, por lo que también se llevó eso... Le pregunté dónde pescaba y me dijo que le gustaba la pesca de mar y le ofrecí el bote con motor fuera de borda, que también compró. Cuando se iba me dijo: "¡Pero este bote me va a rayar todo el auto!". Entonces le ofrecí una Land Rover 4x4 que está en promoción, le encantó. Como iba a estar en el bote y el auto quedaba en el puerto, le instalamos un equipo de seguridad de última generación, y como la pesca era mar adentro, también decidió llevarse unas cuantas redes.

El jefe, entre atormentado y sorprendido, preguntó:

—¿Y todo eso se lo vendió porque quería un par de anzuelos?

—¿Anzuelos? No, el tipo vino a comprar toallas femeninas y entonces le dije: Ya que se te arruinó el fin de semana... ¿Por qué no te vas a pescar...?

Buena visión

Sherlock Holmes y su acompañante Watson decidieron quedarse a dormir al descampado, después de compartir una abundante comida con generosos tragos de buen vino.

Acomodados en la campiña, el sueño los sorprendió inmediatamente. Avanzada la noche, Holmes despertó a su amigo con esta pregunta:

—Watson, Watson, ¿qué ves?

El fiel consejero respondió:

—Veo un cielo estrellado. Estamos bajo la constelación de Sagitario. La luna está decreciendo. Marte brilla rojizo, con nitidez. Estimo por cálculo trigonométrico que son las tres y cuarenta y cinco de la mañana. No hay nubosidad alguna. Es un cielo magnífico, Venus se destaca...

—No, Watson, no es eso. ¡Nos robaron la carpa!

Hoy en día un hombre de 18 años no sabe ni dónde está parado, a los 30 desconoce dónde está sentado y a los 40 ignora con quién está acostado.

Hay que saber ver, para poder elegir. Elegir con sensibilidad es buena visión.

Dios te está mirando

Un ladrón entró en una casa con su linterna en la mano. Cuando estaba escudriñando por la cocina y hacia el comedor en busca de la platería, escuchó una extraña voz que le decía: "Chist... Dios te está mirando".

El ladrón, sobresaltado, apagó la linterna e inmediatamente se puso a averiguar de dónde provenía el sonido. "Dios te está mirando", volvió a escuchar.

Encendió nuevamente la linterna y vio a un loro que le repitió: "Dios te está mirando". El tipo se rió y le respondió:

—¿Quién eres?

—Soy Moisés —contestó.

—Y, ¿quién fue el imbécil que te puso Moisés?

—¡El mismo que le puso Dios al doberman que está detrás de ti y te está mirando!

ॐ

A veces hay que recurrir a grandes recursos P.S.P. "Chist... Dios está mirando."

Recuerdo de niñez:

Mira que te mira Dios,
mira que te está mirando,
mira que vas a morir
y no sabes cuándo...

A los 10 años esta advertencia en la sacristía de la iglesia San Miguel Arcángel de Buenos
Aires, que solía visitar, me resultó diabólica y rechazable por culpógena. Tanto es así que consiguió que estudie religiones comparadas, salga
del miedo y refugie mi vida, exactamente, en la
sabia mirada de Dios, y espero que su sensibilidad nunca se distraiga.

Felipe de Zeli

Era inglés de nacimiento. Después de una peregrinación a Roma se instaló cerca de la actual ciudad de Worms, en el siglo VIII. Vivía como ermitaño; famoso por su santidad y su capacidad de milagros.

Tenía dominio sobre los animales del bosque. Los pájaros se posaban sobre sus hombros y comían en sus manos.

Las liebres corrían a su alrededor y le lamían los pies.

El rey solía visitarlo para hablar de temas espirituales.

Otro ermitaño se unió a la soledad de su retiro mundano para orar juntos y ayudarle a cultivar la tierra.

Cierta noche aparecieron unos ladrones y robaron los dos bueyes que los ermitaños usaban para la labranza.

Los ladrones, sin luz, anduvieron errantes toda la noche por el bosque, sin encontrar el camino que los conducía al pueblo. Y a la mañana siguiente, agotados de tanto deambular sin éxito, aparecieron con los bueyes justo delante de la ermita. Arrepentidos y asombrados a la vez, se arrojaron a los pies de Felipe, contaron su felonía y aventura, y suplicaron perdón.

El santo los tranquilizó, los llamó huéspedes y les señaló con amabilidad el camino correcto de regreso.

No pasó mucho tiempo hasta que los dos ladrones purificados regresaron con un pequeño grupo de amigos. Todos querían quedarse con los ermitaños. Felipe decidió entonces construir con ellos una iglesia. En el transcurso de los siglos, la parroquia que erigieron tomó el nombre de Zeli (celda), en honor a la ermita de San Felipe.

Se celebra su día todos los 3 de mayo. Moraleja: ladrones siempre abundaron. Los que escasean son líderes santos capaces de transformar rapaces en hombres de buen querer. Desde cualquier lugar de poder, o celda.

Siempre con sensibilidad.

El bosque nominado

Sueño con un bosque donde todos los árboles lleven un nombre personal. ¡Todos! Los trescientos ochenta eucaliptos medicinales, los ochenta y seis cipreses, los ciento veinte robles, los trescientos pinos, los nogales, los cedros y paraísos, los tilos y los tamarindos.

Plantados con amor, con cuidado familiar. Lo más importante en este bosque nominado es la elección de cada nombre, su bautismo y ceremonia de colocación del cartelito indicador, hecho artesanalmente en madera y con letras artísticamente dibujadas: *Ramón, José, María Soledad, Robustiano, Pepe...*

No se me escapa que puede existir un problema de identificación sexual en cada asignación del apelativo, pero se trata de un espacio vegetal no prejuicioso, de enorme y pacífica tolerancia, de convivencia armoniosa, sin necesidad alguna de Registro Civil ni de documentación. Simplemente, debe considerarse un tiempo adecuado de reflexión previa, para establecer cada nombre y colocar después un hermoso cartel testimonial, sin dañar ninguna plantación.

Luego puede haber alguna conversación de presentación de unos a otros; y también brotará naturalmente la sana costumbre de desarrollar un programa de visitas, de ceremonias, cumpleaños o eventos: "Hoy almorzaré en lo de Ruperto, luego tengo que leer una novela en lo de Inés, cerca de donde vive Juan...".

Los amigos que deseen visitar esta comunidad vegetal deben prepararse para conocer gente muy especial. Es indispensable una alta dosis de imaginación y cierto manejo diplomático para no dejar a nadie sin saludar, como suele ocurrir en un paseo común por un parque común.

Sueño con un bosque donde los niños puedan aprender a convivir y a respetar a toda la población, a no dañar ni a *Jaimito,* ni a *Mickey,* ni a *Carlos,* ni a *María,* ni a *Susana.* Un lugar especial para desarrollar las habilidades y simpatías propias de la Jardinería Humana.

En esa forestación, rápidamente los pájaros aprenderían a respetar a todos los reconocidos ciudadanos, y los gnomos podrían manifestarse sin ningún temor por la calidad de trato de todos los verdes, rojizos y perfumados habitantes del bosque nominado. Esto es un simple sueño inductor de nuevas realidades que podemos permitirnos, al menos, en la fantasía.

Estamos acostumbrados a sobrevivir en selvas ciudadanas, donde abundan tantos troncos con nombres y apellidos, pero sin la magia del asombro, de la armonía, de la belleza y sensibilidad del mundo vegetal, siempre animado de intenciones poéticas sugerentes de una vida mejor.

Por ello me permito hacerlo, querido lector, partícipe de este sueño posible y encantador al que podemos alentar, aun a riesgo de merecer de algún realista crónico un bautismo psiquiátrico poco imaginativo y sensible.

Lo primero
es lo primero

Es fundamental saber qué valoramos como esencial, porque al conocer con claridad lo importante, podemos hacerle un lugar jerarquizado en nuestras vidas.

❧

—¿Cuántas piedras caben en este frasco? —preguntó un maestro creativo a sus alumnos.

Los alumnos hicieron sus conjeturas mientras empezó a introducir piedras hasta que llenó el recipiente. Luego consultó:

—¿Está lleno?

Todos asintieron.

Entonces, el instructor sacó de debajo del escritorio un cubo lleno de piedrecillas. Introdujo parte de ellas en el frasco y lo agitó, de tal manera que todo el contenido se acomodó ocupando el espacio libre que quedaba bajo las primeras piedras. Preguntó:

—¿Está lleno?

Esta vez los estudiantes dudaron:

—Tal vez no.

El investigador mostró ahora un cubo con arena, que comenzó a volcar en el frasco; ésta se filtró por los pequeños recovecos en perfecta disposición. Volvió a preguntar:

—¿Está lleno?

—¡No! —exclamaron al unísono todos los presentes, por las dudas...

—Muy bien —respondió el mago tomando una jarra con agua, que comenzó a verter en el frasco. Sin que rebasase.

Los alumnos se conmovieron con el experimento simple y sacaron como conclusión práctica: "Esto significa, señor, que no importa lo llena que esté tu agenda, siempre puedes hacer que quepan más cosas. No importa los compromisos asumidos, se puede siempre hacer algo más".

—Nada de eso. Lo que quise transmitir es que si no colocas primero las piedras grandes, no podrás ubicarlas después.

ॐ

Lo primero es lo primero. ¿Cuáles son las grandes piedras en nuestro cofre de valores? ¿Hijos, familia, amigos, salud, la persona amada, los sueños...?

Es necesario saber cuál es nuestro tesoro, porque la arenilla de lo secundario puede agotar las oportunidades de espacio del generoso frasco.

Hacer lugar a las perlas de la vida, con sensibilidad.

Es difícil enamorarse de un tacaño

La generosidad es el principio de la abundancia. El mezquino es pequeño hasta consigo mismo, resta, no suma; pide, no da. El avaro es el más pobre de los seres, no tiene nada para sí. Donde el hombre guarda su tesoro, allí esconde su corazón. Para que entre algo en el puño hay que abrir la mano.

Siempre la siembra es alegre. Hay confianza, prodigalidad, aunque se sepa que no toda semilla caerá en lugar fecundante. La cosecha tiene otra disciplina; más fatigosa.

El hombre generoso tiene el corazón abierto, no espera resultados, no calcula réditos posteriores, da porque sí. En realidad, es un fino negociante con la vida, da, mucho o poco, y siempre recibe más.

El mejor fruto que obtiene la persona generosa es una burbuja de amor protector que lo rodea constantemente. Los seres queridos envían pensamientos de gratitud y elevación a la persona rica de corazón. Es difícil enamorarse de un tacaño.

En la mitología griega, Júpiter representa la abundancia. Es el rey que otorga y al mismo tiempo mantiene el orden, el progreso, y la preservación de la jerarquía establecida.

En la astrología, Júpiter es considerado el gran benefactor. Gobierna en el Zodíaco al signo de Sagitario, la justicia, y a Piscis, la filantropía.

El refranero siempre aporta observaciones valiosas: "Bendito sea San Bruno que da ciento por uno". "Donde hay nobleza hay largueza." "Quien te da, te enseña a dar."

El Evangelio es pródigo en advertencias, fundamentalmente cuando dice de las enseñanzas entregadas: "Si gratis las recibes, dadlas entonces también gratis". "Que tu mano izquierda no sepa lo que hace la derecha."

La generosidad es un estado de exaltación, de riqueza interna, de espontaneidad. No puede brotar de una orden, de un sacrificio o imposición. La entrega es alegre, voluntariosa, sin cálculo.

El generoso es un rey sin corona. Hay hambrientos que reparten la única nuez con otro carenciado en peor situación; compañero significa pan compartido.

El buen pródigo no come a escondidas, es raro, no se rasca para dentro.

Hay miradas generosas, rostros que dan estímulo y caras que roban energía.

El sol brilla en su propia gloria, no puede hacer otra cosa más que alumbrar, a todos, sin distinción. El astro rey no irrumpe para destacarse, simplemente obra manifestando su propia naturaleza, dar luz, irradiar a opulentos y pobres, a jardines y malezas.

Un ser generoso es una perla viviente. Embellece la condición humana, quiere la felicidad de los otros, siente que son todos como él.

Amor cibernético

Se suele buscar en la computadora ayuda de todo tipo: diversión, sexo, nirvana, pornografía, información científica, chistes, noticieros, ofertas comerciales, salud, justicia, arte, etcétera.

La inteligencia del usuario es la que debe poner calidad al agobio de datos y de estímulos. La pantalla pasiva muestra los prodigios de las microrredes y de los sistemas, a un usuario que no debiera ser nunca pasivo ni masificado.

Cuando los amigos nos llaman para contarnos chistes y cuentos iguales, nos sentimos decepcionados de la información utilizada, masiva y recurrente. Todos al final dicen las mismas cosas, con las mismas palabras, errores de ortografía y vulgaridad.

No siempre los mágicos *e-mails* nos transmiten mensajes importantes y selectos, abunda la invasión de información no deseada ni aprovechable.

Por suerte aparecen, a veces, posibilidades cibernéticas que nos sorprenden. Algunas de estas novedades ofrecen gratuitamente instalar el programa AMOR en nuestra vida.

El procedimiento es relativamente sencillo; los beneficios son incalculables. No se requiere un dominio especial de las computadoras, alcanza con seguir instrucciones precisas, no falsear el manual de procedimiento y mantener un alto grado de buen humor y de imaginación. También exige involucrar a los amigos en la buena onda del mensaje.

Aquí tenemos una orientación cibernética para instalar en nuestra vida el sistema AMOR:

Cliente: Estoy teniendo problemas, ¿me puede ayudar?

Servicio al cliente: Sí, le puedo ayudar. ¿Podría instalar AMOR? El primer paso es abrir su CORAZÓN, ¿ya localizó su corazón?

C: Sí, ya lo localicé pero hay algunos programas que están corriendo ahora. ¿Lo puedo instalar?

SC: ¿Cuáles son?

C: Déjeme ver... HERIDAS.EXE, BAJAESTIMA.EXE, RESENTIMIENTO.EXE y RENCOR.COM están corriendo actualmente.

SC: No hay problema. AMOR va a borrar automáticamente HERIDAS.EXE de su sistema. Tal vez permanezca en su memoria permanente, pero no le causará problemas. AMOR eventualmente se sobreescribirá en BAJAESTIMA.EXE con un módulo propio llamado ALTAESTIMA.EXE. Tiene que deshacerse por completo de RENCOR.COM y RESENTIMIENTO.EXE. Estos programas impiden que AMOR se instale.

C: No sé cómo desactivarlos.

SC: Vaya a su menú de INICIO e invoque PER-

DÓN.EXE. Repita esta operación tantas veces como sea necesario para que RENCOR.COM y RESENTIMIENTO.EXE se borren.

C: Ya lo hice. AMOR se está autoinstalando.

SC: Va a recibir un mensaje que dice "AMOR se instalará por el resto de vida activa de su corazón". ¿Apareció?

C: Sí, lo estoy viendo. ¿Significa que terminó de instalarse?

SC: Así es, recuerde que tiene sólo el programa básico. Necesita empezar a conectar su CORAZÓN a otros CORAZONES para recibir actualizaciones.

C: Tengo un mensaje de error y apenas lo instalé. ¿Qué hago?

SC: ¿Qué dice el mensaje?

C: Dice: Error 412* EL PROGRAMA NO HA CORRIDO EN SUS COMPONENTES INTERNOS.

SC: No se preocupe, ése es un problema común. AMOR ha sido configurado para correr en CORAZONES exteriores pero no para correr en su propio corazón. Es uno de esos asuntos de programación muy complicados pero en lenguaje común significa que primero tiene que AMAR a su propio CORAZÓN antes de que AME a otros. ¿Puede encontrar el directorio llamado AUTOACEPTACIÓN?

C: ¡Aquí está!

SC: Haga un clic en los siguientes archivos y luego cópielos al directorio MI CORAZÓN: PERDÓN.DOC, AUTOESTIMA.TXT, AUTOVALORACIÓN.TXT y BONDAD.DOC. El sistema va a sobreescribir todo archivo conflictivo y cualquier programación defectuosa. También necesita borrar AUTOCRÍTICA.EXE de todos los directorios.

C: Listo. Mi CORAZÓN se está llenando ahora con archivos muy padres. SONRISA.MPG está desplegada en mi monitor en este instante y muestra que TERNURA.COM, PAZ.EXE y ALEGRÍA.COM se copian solos en MI CORAZÓN.

SC: Entonces AMOR está instalado y corriendo. De aquí en adelante puede manejar la situación con sensibilidad. AMOR es gratis. Asegúrese de dárselo completo y con sus diferentes módulos a toda persona que conozca.

Este libro se terminó de imprimir en el mes
de febrero de 2004 en Kalifón S.A.,
Ramón L. Falcón 4307,
(1407) Ciudad de Buenos Aires,
República Argentina.